I0065467

www.ingramcontent.com/pod-product-compliance
Lightning Source LLC
Chambersburg PA
CBHW071428210326
41597CB00020B/3694

9781989880043

ده ثانیه

راهنمای مدیریت ثانیه‌های مهم و تاثیرگذار یک مذاکره

هنگامه عسگری مقدم

این کتاب برای شما مناسب است :

❖ اگر به تازگی وارد دنیای کسب کار شده اید و یا می خواهید بزودی کسب و کار خود را شروع کنید، چون اول باید مذاکره کننده باشید.

❖ اگر به دنبال اصول کاربردی برای حضور و رفتار پیروزمندانه در جلسات مذاکره هستید، بخش های این کتاب همون انجیل شما خواهد بود.

❖ اگر تا به امروز حتی یک کلمه هم در مورد مذاکره نخوانده اید.

سریال کتاب: P 2045120008

سرشناسه : Asgari2020

عنوان: ده ثانیه

زیرنویس عنوان: راهنمای مدیریت ثانیه های مهم و تاثیرگذار یک مذاکره

نویسنده: هنگامه عسگری

مشخصات نشریه در ایران: ----------

شابک کانادا: ISBN: 978-9-1-989880-04-3

موضوع: مذاکره، ارتباطات، بیزینس

متا دیتا: Success, Self Help, Business, Negotiation

مشخصات کتاب: PaperBack

تعداد صفحات: 132

تاریخ نشر در کانادا: آوریل ۲۰۲۰

تاریخ نشر اولیه: ۲۰۱۹

Kidsocado Publishing House

خانه انتشارات کیدزوکادو

ونکوور، کانادا

تلفن : +1 (833) 633 8654

واتس آپ : +1 (236) 333 7248

ایمیل : info@kidsocado.com

وبسایت انتشارات: https://kidsocadopublishinghouse.com

وبسایت فروشگاه: https://kphclub.com

سلام هم زبان

دستیابی ایرانیان مقیم خارج از کشور به کتاب های بسیار متنوع و جدیدی که به تازگی در ایران نگاشته و چاپ می شود، محدود است. ما قصد داریم این خدمت را به فارسی زبانان دنیا هدیه دهیم تا آنها بتوانند مانند شما با یک کلیک در آمازون یا دیگر انتشارات آنلاین کتاب‌هایی در زمینه های مختلف را خریداری کنند و درب منزل تحویل بگیرند.

خانه انتشارات کیدزوکادو تحت حمایت مجموعه آموزشی کیدزوکادو این افتخار را دارد تا برای اولین بار کتاب‌های با ارزش فارسی را که با زبان فارسی نگارش شده است از شرکت های انتشاراتی بزرگ آن لاین مانند آمازون و ایی بی بارنز اند نابل و هم چنین وبسایت خود انتشارات در اختیار ایرانیان مقیم خارج از ایران قرار دهد.

از اینکه توانستیم کتابهای جدید و با ارزشی که به قلم عالی نویسنده گان و نخبگان خوب ایرانی نگاشته شده است را در اختیار شما قرار دهیم بسیار احساس رضایتمندی داریم

این کتاب ها تحت اجازه مستقیم نویسنده و یا انتشارات کتاب صورت گرفته و درآمد حاصله بعد از کسر هزینه‌ها، به نویسنده پرداخته می شود.

خانه انتشارات کیدزوکادو در قبال مطالب داخل کتاب هیچگونه مسئولیتی ندارد و صرفاً به عنوان یک پخش کننده است.

و شما خواننده عزیز ما را با گذاشتن نظرات در وب سایتی که کتاب را تهیه کرده‌اید به این کار فرهنگی دلگرمتر کنید. از کامنتی که در بر گیرنده نظرتان نسبت به کتاب است عکس بگیرید و برای ما به این ایمیل بفرستید از هر ۴ نفری که برایمان کامنت می فرستند، یک نفر یک کتاب رایگان دریافت می‌کند.

ایمیل : info@kidsocado.com

فهرست مطالب

مقدمه

تا مدتی‌ها قبل از نوشـــتن این کتاب فکر می‌کردم مذاکره یعنی دور یک میز کنفرانس توی اتاق سـرد و اداری بنشـینیم و هراز گاهی چای بنوشـیم و مثل این فیلم‌ها بحث کنیم و عصـــبانی، دســـتمان رو بکوبانیم روی میز، با فریب دادن همدیگر و به دســت آوردن سـود بیشـتر مدام حرافی کنیم و سـفسـطه بچینیم. یه‌موقع‌هایی هم صـدایمان بالا برود یا مثل روباه مکار چشـم‌هایمان برق بزنِد و از یک سمت لپمان بخندیم.

با خودم فکر می‌کردم "بااینکه رشـــته حقوق خوانده ام، چرا در بســیاری از ارتباطات شخ صی و شغلی نمی‌توانم ارتباطات موثر و پایداری دا شته با شم ، غالبا پای مذاکره و گفتگوهایم می‌لنگید" نمی‌دانستم ایراد کجاست؟ کتـــاب می‌خوانــــدم، ارتباطاتم رو گ سترش می‌دادم، در مذاکرات سعی می‌کردم از خودم انعطاف زیادی نشـان دهم یا یک کلام بحث باشـم، نقطه بین صـفر و یک را گم کرده بودم. خیلی بیشتر از بقیه تلاش می‌کردم؛ اما بازم ...

تجربه ســـال‌های کاری و نتایج ارتباط با افراد در محیط‌های مختلف خانه، دانشـــگاه، کوچه، خیابان، اتوبوس و تاکســـی، هنگام خرید، موقع انجام کار

بانکی، مصاحبه های درخواست کار ، پاسـخ‌گویی به مراجعه‌کنندگان، موقع حضـور در دادگاه و جمع دوسـتان به من آموخت که من در تمام این محیط‌ها به نوعی در حال انجام یک مذاکره‌ام و باید تمام این ارتباطات و گفتگوها را جدی بگیرم و قبل از آن باید اصول گفتگو و مذاکره را بیاموزم!

خواندن این کتاب را توصیه می‌کنم به:

۱. آن‌هایی که مثل من فکر می‌کردند.

۲. آن‌هایی که مثل من فکر نمی‌کردند.

و اما در این کتاب سعی شده راهکارهایی را ارائه بدهم تا:

۱. شـــناخت بهتری نسـبت به مذاکراتی که در طول روز با آن‌ها درگیر و خودتان از آن غافل‌اید، کسب کنید.

۲. صرف‌نظر از شغل و نوع کاری که انجام می‌دهید، رضایت بیشتری از کار و ارتباط با مردم داشته باشید.

۳. خودتان را به ابزارهای ارتباط قدرتمند در مذاکرات و گفتگوها مجهز کنید.

۴. آن‌هایی که مشتاق‌اند وارد مسیر کسب‌وکارهای نو بشوند، چطور می‌توانند با کسب مهارت مذاکره حرفه‌ای به سمت موفقیت سرعت‌شون را دو برابر کنند.

پیشگفتار

بیایید باهم رفتارهای یک روزمـان را مـرور کنیـم. از صبـح که از منزل خارج می شویم درگیر چه مذاکراتی می شویم؟ با چه کسانی وارد مذاکره می شویم؟ چه نتایجی برای ما حا صل می شود؟ ما برای ورود به هر یک از این مذاکرات چه شـناخت و هدف هایی را دنبال می‌کنیم؟ آیا می‌دانید تعدادی از این مـذاکرات بـدون تصمیم قبلی و کامـلاً اتفـاقی انجام می‌شود؟

از درب منزل خارج می‌شـوم؛ با رفتگر محل روبرو می‌شـوم و با بیان عبارت خسـته نباشـید تشـکر و قدرانی خود را از خدمات او اعلام می‌کنم؛ یعنی مذاکره‌ای کوتاه برای اعلام رضایتمندی من از خدمات آن فرد با هدف استمرار عمل او. اسـتمرار عمل او یعنی پاکیزگی و زیبایی محل و کم کردن آلودگی محیط‌زیست و تأمین سلامت.

با تحلیل کوتاه یک رفتار بسیار پیش‌پاافتاده متوجه شدیم ده‌ها رفتار و موقعیت ساده در طول روز ما را درگیر مذاکره می‌کند.

در مسیر رفتن به محل کار، پشت چراغ قرمز چنـد فروشنده کـنار ماشین قرار می‌گیرند و با لحنی ملتمسانه کالای خود را عرضه می‌کنند؛ لحن صحبت او –

شـكـل درخواست او- شـرح كارايى آن كـالا- وضعيت ظاهـرى آن كالا و قيمت اعلامى اون از سـوى فروشـنده همگى جلب‌كننده ذهن من براى خريد خواهند بود. بعد از اينكه خوب شـنيدم بايد در كمتر از ده ثانيه باقى‌مانده از زمان قرمزى چراغ راهنمايى تصميم بگيرم خريد كنم يا با بالا دادن شيشـه اتومبيل مذاكره را پايان دهم.

✓ **هميشـه بايد در هر شـرايط و موقعيت براى مذاكره آماده باشـى تا ده ثانيه هاى مهم و تأثير گذار ز ندگى‌ات را از دسـت ندهى. تـمام گفتگوهاى ما در طول روز يك مذاكره اسـت با مقياس و اهداف و شرايط خاص خود.**

من مطالعه اين كتاب را توصـيه مى‌كنم تا به كمك آن در تمام گفتگوها و مذاكرات بتوانيد هدفمند و موفق به پيش رويد تا با خلق ارتباط‌هاى موثر و هدفمند به سوى موفقيت شخصى و شغلى قدم اساسى برداريم.

✓ **اگر مفهوم مذاكره را درك كنيم و ارزيابى درستى از آن داشته باشيم مى‌توانيم مذاكرات موفقى داشته باشيم.**

براى داشتن مذاكراتى موفق بايد براى جذب افكار در مسير اهداف تعيين شده آمادگى داشـته باشـيم و هوشـمندانه آن‌ها را در لحظه طلايى بيازماييد. هيچ مشكلى نبايد ما را غافل‌گير كند و ما را در مسير تعيين شده با بن‌بست مواجه كند. براى نيل به اين هـدف بايد پيوسته مسائل و مجهولات را بررسى كرده و راه‌حل مؤثرى را براى هر يك در نظر بگيريم. بـا شناسايى موانع پيش رو، راه گريز و مديريت هر يك را بيابيم.

هر چه با افق ديد وسـيع‌ترى به مسـائل و اهداف پيش رو بنگريم ، گام‌هاى

مطمئن‌تری را در مسیر موفقیت خواهیم برداشت.

✓ نیمی از مهارت ما در مذاکره نه با کاری که انجام می‌دهیم، بلکه باکارهایی است که در حین مذاکره انجام نمی‌دهیم نه صرفاً به خاطر مزایا و منافعی که از آن گفتگو و یا مذاکره برای ما حاصل می‌شود بلکه به خاطر هزینه مستقیم و یا غیرمستقیمی که برای آن می‌پردازیم. بنابراین هرگز نباید وقت ارزشمند را با امور بیهوده که کوچک‌ترین ارتباطی با هدف ما در آن گفتگو و یا مذاکره ندارد تلف کنیم.

پس با لحظه‌ای درنگ فرصت‌ها را از دست ندهیم و پیش از هر گفتگو و مذاکره‌ای نقشه ذهنی از آن ترسیم و آن را به‌طور دقیق بررسی کنیم و در این مسیر، هیچ گفتگو و مذاکره‌ای را دست‌کم نگیریم حتی مذاکرات کوچک و بسیار ساده‌ای که در طول روز ممکن است بسیار اتفاقی با دوستان و یا عزیزانمان داشته باشیم.

فصل ۱

اولین تجربه کاری من

اولین تجربه کار جدی من مربوط به زمانی می‌شود که برای کار در دفتر کتاب اول به‌عنوان بازاریاب تلفنی برای مصاحبه پیش آقای جوانی رفته بودم که همه او را مهندس صدا می‌کردند.

بعد از درب زدن وارد دفتر او شدم، با لحنی محکم و جدی سلام دادم و روی صندلی نشستم. من که به قول خودم از بچه‌های درس‌خوان دوره در دانشگاه بود با سؤال جواب‌های آقای مهندسی که او هم از فارغ‌التحصیلان رشته حقوق بود ضربه‌فنی شدم و با تنی خسته و ذهنی کوفته از سؤال و جواب دفتر او را ترک کردم.

بعد از چند روز از آن دفتر با من تماس گرفتند که اگر راضی به دوره کار آزمایشی ۱۰ روزه هستم، آن‌ها حاضرند با من قرارداد ببندند.

فردای آن روز با ذوق و اشتیاق خاصی وارد محل کارم شدم. در اتاقی نه‌چندان روشن و بزرگ سه خانم پشت میزهای رنگ و رو رفته چوبی نشسته و درحالی‌که روزنامه‌ای در دست داشتند، با تلفن صحبت می‌کردند.

جو سنگین و دما هم مثل آدم‌های آن اتاق سرد و نچسب بودند. منشی دفتر درحالی‌که با اشاره دست میز مستعمل من را نشان می‌داد گفت برو و کارت را شروع کن و من هاج و واج در حال مرور گفتگوی ذهنی "که آخه هنوز کسی به من نگفته چی کار کنم، وای من که بلد نیستم" بودم که دوباره منشی گفت: خانم پس چرا ایستادی بفرمایید دیگه.

من بدون اینکه تصمیم بگیرم بمانم یا بروم گام برداشتم. گام اول، گام دوم و...

الو: سلام. من از دفتر آگهی کتاب اول تماس گرفتم. می‌تونم با مسئولتان

صحبت کنم.

: نمیشه. نیستند. من کی مجدد میتونم تماس بگیرم ...

: ممنونم. خدا نگهدارتون

الو سلام من از دفتر آگهی کتاب اول تماس میگیرم.

شما مدیر آن شرکت هستید؟

: بله.

دفتر ما برای طرح بیمه حقوقی شـرکتها اقدام به ثبتنام و عضـوگیری میکند. شما میتوانید با پرداخت حق اشتراک بیمه سالانه از خدمات مشاوره حقوقی در طول مدت بیمه بهرهمند شوید.

مثل طوطی فقط تکرارکننده عبارات دیکته شده بودیم. بقیه خانمهای آن اتاق هم از فارغالتحـصیلان رشته حقوق بودند. در طول اون روز شاید حدود سی تماس موفق داشتم و بیش از پنجاه تماس ناموفق که یا پاسخگو تماس نبودند و یا حاضر به همراهی و شنیدن صحبتهای من نبودند.

◈ ◈ ◈

توی یه سن دبیرستان همیشه وقتی تلویزیون جلسات مجمع عمومی سازمان ملل را در اخبار نشـان میداد، دلم میخواسـت یه روزی درحالیکه پرچم سـه رنگ دوسـتداشـتنی کشورم کنارمه روی یکی از صندلیهای اون بشینم و با غرور نظارهگر نمایندههای جهان باشم.

یکم بزرگ شـدم اومدم تو دوره اصـلاحات، جو اجتماعی مملکت خیلی یهو عوض شـد. درسـته خیلی از سـیاسـت سـر درنمیآوردم ولی وقتی میدیدم نمایندههای مجلس خانم با جـسارت و جذبه پـشت تریبون مجلس میرفتند و

بااقتدار حرف می‌زدند. دلم می‌خواست یک روزی مثل اون‌ها نماینده مجلس بشوم و یک گوشه کار مردم را بگیرم و بتوانم آدم مفیدی باشم.
در کتاب شعرم، بارها خواندم و زمزمه کردم

"زندگی آب‌تنی در حوضچه اکنون است"

"تا شقایق زنده است زندگی باید کرد"

"سهراب سپهری"

منم آن مرغ، آن مرغی که دیری ست

به سر اندیشه پرواز دارم

به لب‌هایم مزن قفل خموشی

که من باید بگویم راز خود را

به گوش مردم عالم رسانم

طنین آتشین آواز خود را.

"فروغ"

و داستان شازده کوچولو و گل سرخ در اخترک‌ها را بارها خواندم و خواندم. روزها سپری می‌شدند و من در تمام این سال‌ها در اندیشه داشتن کسب‌وکاری خود فرما بودم، رؤیای خلق ایده و طرح نو، داشتن کسب‌وکاری برای خودم، با کمک آنچه در دانشگاه خوانده بودم و براش بارها و بارها بیست و نوزده گرفته بودم.

تردید و ترس از شکست در تمام این سال‌ها سایه زندگی من بودند، روزهای پرفرازون شیب من که همگی د ستمایه انتخاب‌های خودم بودند من را هرروز

از آرزوهایم و رؤیاهای همیشگی‌ام دور و دورتر کرده بود.

انتخاب سنگین و پرهزینه‌ای کردم. از گذشته هرچه بود تحویل دادم، فقط ثمر جوانی‌ام را در بغل گرفتم. تاس بازی زندگی‌ام را دوباره انداختم. منتظر نماندم ببینم شش آمده یا نه فقط شروع کردم. فرصت تعلل و ماندن درگذشته و تردید را از خودم گرفتم. غرق در آرزوها شدم این بار رؤیا را ندیدم، بلکه تصمیم گرفتم **رؤیاهایم را زندگی کنم.**

و یکی از این رؤیاها نوشتن کتاب بود، نوشتن کتابی که در آن سعی کردم از تمام ارتباطات پرهیاهوی سال‌های زندگی شخصی و کاری خودم در محیط‌های مختلف، تجربیات و مهارت‌هایی که هنگام حضور در جلسات مذاکره به دست آورده بودم را به سبکی دیگر و کاربردی‌تر بنویسم.

به امید آن‌که بخوانید و مفید فایده باشد.

با آرزوی بهترین و شادترین لحظات

هنگامه عسگری

فصل ۲

قبل از مذاکره

در این فصل

- تعریف مذاکره
- تدارک محل مذاکره
- تخمین زمان رسیدن تا محل مذاکره
- درنظر گرفتن موقعیت طرف مذاکره
- نیمه خالی لیوان اعتماد
- زیق وقت
- حافظ اعتبار و جایگاه خود و دیگران باشید
- در دست داشتن فرم اطلاعاتی
- داشتن نقشه مختصاتی
- بزرگ‌منشانه رفتار کنید

تعریف مذاکره

اگر بخواهیم تعریفی رسمی و آکادمیکی از مذاکره داشته باشیم باید بگوییم:
"فرآیندی که طی آن دو طرف مذاکره که ممکن دو یا چند نفر باشـند یا دو گروه، تلاش می‌کنند در مسـیر اهداف و اولویت‌هایشـان، از طریق گفتگو به نقاط مشترک، تأیید یا رضایت برسند."

اما تعریف راحت و سـاده مذاکره: گفتگو و تعامل هدفمند حداقل دو نفر را مذاکره گویند که این هدف به فراخور ارتباط افراد متفاوت خواهد بود، ممکن هدف رسیدن به مشترکات باشد، ممکن هدف کسب رضایت و یا تأیید باشد و یا رسیدن به امتیاز.

✓ مذاکره هنر رسـیدن به تفاهمی عمومی از طریق چانه زدن بر سـر نکات اساسی است و برهمین اساس مذاکره نیازمند آگاهی، اطلاعات و شناخت است.

تدارک محل مذاکره

در طول روز ممکن است ما مذاکراتی داشته باشیم که نیاز به مکان و فضای خاصی نداشته باشد و یا بدون اینکه محل خاصی معین شود، مذاکره و گفتگو انجام و نتیجه‌بخش باشد. اما بهتر است بدانیم که بااهمیت دادن به محیط جلسات مذاکره، می‌توانیم آن را به محیطی زیبا و تأثیرگذار و دوست داشتنی مبدل کنیم.

ممکن است ما ساعات طولانی را در جلسه مذاکره سپری کنیم، منظره و فضای اتاق ساعت‌ها در معرض دید حاضرین باشد، این موضوع اهمیت این را می‌رساند که باید برای لذت‌بخش ساختن محیط مذاکره تلاش کنیم، نصب تابلویی زیبا از یک منظره، استفاده از گیاهان سبز، بوی مطبوع فضای داخلی و... پیشنهادهای زیادی هستند که در مورد آن‌ها در مجلات و سایت‌ها بسیار خوانده‌ایم.

یک موضوعی که در مورد محل مذاکره وجود دارد این است که تغییر فضای محیط مذاکره ربطی به این ندارد که شما رهبر گروه مذاکره هستید یا یکی از کارشناسان و یا اعضاء گروه.

✓ به این جمله ایمان داشته باشید که "محلی که در آن پذیرای طرف‌های مذاکره می‌شوید، بر قضاوت افراد در مورد شخص شما، محصول یا سرویس شما تأثیر شگرفی می‌تواند داشته باشد.

✓ اتاق مذاکره شما تصویری جدیدی از شرکت، اعتبار، محصول و یا خدمات شما را به مشتریان و رقبای شما، نشان می‌دهد.

▪ **از لحاظ فیزیکی** محیط مذاکره و جلسه شما باید امکانات اولیه را دارا

با شد، استفاده از تهویه متبوع و مناسب، به دور از آلودگی‌های صوتی و سروصدای محیطی و... باشد.

- **بهره‌گیری از روانشناسی رنگ‌ها** در فضاسازی محیط مذاکره که به تمرکز بالای فکری نیاز اســت و اینکه افراد باید در فضــایی آرام به مباحثه و تصمیم‌گیری بپردازند.

- **استفاده از نور مناسب**؛ حضــور در اتاق اداری زیر نور تند مهتابی می‌تواند به چشم‌ها فشار بیاورد. گاه لازم است نور فضای کار خود را با اضــافه کردن یک چراغ بالای میز گفتگو تغییر دهید. اســتفاده از نورهای غیرمستقیم و چراغ‌های دکوری شکل می‌تواند به جلوه و نمای اتاق شما بیفزاید.

- **در دسترس بودن و سایل پذیرایی روی میز** و آب آشامیدنی برای سهولت استفاده افراد حاضر در جلسه.

- چیدمان لوکس و یا چیدمان سنتی انتخاب شما کدام است؟ پیشنهاد غالب دکوراسیونرهای اتاق مذاکرات شخصیت‌های خاص و مطرح بر استفاده از چیدمان و مبلمان کلاسیک در اتاق مذاکرات است.

- **توجه به آراستگی و نظافت محیط**؛ نظافت و تمیزی محل مذاکره نشان‌دهنده توجه و احترام شما به مدعوین و طرف‌های مذاکره است، دفتری به هم ریخته و خاک گرفته در نظر اول این را تداعی می‌کند که این دفتر یا محل مدت‌ها است بلااستفاده و به نوعی کار شما کساد است.

✓ یکی از ویژگی‌های یک محیط مذاکره خوب وجود تفاوت و نبودن تبعیض یا احساس تبعیض است که ممکن است در تصاویر تابلوها و یا رنگ‌های

موردا ستفاده محیط نمود دا شته با شد. وجود تبعیض و اح ساس تبعیض به‌عنوان یکی از عوامل منفی موجب افت انگیزه، خستگی روانی و دلزدگی از محیط می‌شود.

✓ بهتر است با در نظر گرفتن مو ضوع مذاکرات محیط جلسه را به صورت باز یا بسته در نظر بگیریم.

مثلاً در جلســـه معرفی خودرو جدید برای دفاتر نمایندگی‌های فروش، برگزاری جلسـه در محیط باز، جهت نمایش امکانات و بررسـی شـرایط ظاهری و فنی خودرو. مطمئناً می‌تواند بسیار تأثیرگذارتر و مفیدتر باشد تا جلسـهای رسـمی در فضـای یک اتاق که به روخوانی اطلاعات کاتالوگ بسـنده کنیم. اما غیر از موارد خاص، معمولاً جلسـات در محیط‌های بسته برگزار می‌شود.

▪ **فراهم کردن شـرایط دسـترسـی افراد حاضـر** در جلسـه مذاکره به وسـایل ارتباطی مثل تلفن، اینترنت، رایانه عمومی. اینکه محل مذاکره ازلحاظ د سترسی افراد به اینترنت و رایانه عمومی مجهز باشد شما را از بســیاری از رقبا و مذاکره‌کنندگان متمایز می‌نماید و به‌نوعی نـ شان‌دهنده حرفه‌ای بودن شما در میزبان بودن و برگزاری جل سات رسمی و معتبر است.

✓ استفاده از خوشبوکننده مناسب در محل کار می‌تواند در ایجاد حس بهتر به محیط و افراد حاضر در جلسه کمک کند.

استفاده از گیاهان در محیط؛ نتایج پژوهش محققان رفتار شنا سی دانشگاه روگرز "Rutgers" در نیوجر سی آمریکا نشان داده افراد با نگاه کردن به

گل و گیاه و لذت بردن از طراوت، رنگ و عطر آن‌ها می‌توانند حالت روحی نامتعادل خود را تغییر دهند و به حالت طبیعی برگردند؛ درواقع گل، مسبب تعدیل رفتار در طول شبانه‌روز بوده و ما هر بار که به گل و گیاه نگاه می‌کنیم، یک عامل اتصال عصبی مثبت در مغزمان ایجاد می‌کنیم. یک مذاکره‌کننده حرفه‌ای از تأثیرات مثبت گیاهان بر جسم و ذهن و ایجاد تمرکز و افزایش ۱۵ درصد بهره‌وری در برگزاری مذاکرات خود استفاده می‌کند. جالب است بدانیم؛ گل‌هایی با رنگ ملایم مانند صورتی، سفید، بنفش حس شخص را به‌سوی احساسات آرام سوق داده و گل‌هایی بارنگ گرم و تند مانند قرمز، زرد، نارنجی حس فرد را به‌سوی هیجان و سرزندگی پیش می‌برند.

✓ استفاده از گل در ورودی سالن یا اتاق مذاکرات بدین معنی است که به‌طور غیرمستقیم به مدعوین خوش‌امدگویی می‌کنیم.

۹۵ درصد از تفکر، احساس و قدرت تصمیم‌گیری ما متأثر از محیط پیرامون یا به‌طورکلی تحت کنترل آن است. محیط مذاکره تأثیر چشمگیری بر جو حاکم و شرایط مورد توافق می‌تواند داشته با شد. حتماً تجربه کرده‌اید وقتی در دفتر شخص دیگری وارد می‌شوید تا چند دقیقه احساس می‌کنید و با میلمان، نیروی کار و دیگر عناصر مربوط به آن محیط احاطه شده‌اید، خودبه‌خود در موضع ضعف قرار دارید و تمرکزت به هم می‌خورد و درگیر فضا و محیط می‌شوید. در مذاکرات در سطوح بین‌المللی و بین دول یکی از عللی که باعث می‌شود کشور ثالثی میزبان طرفین می‌گردد این است که در فضاسازی محیط مذاکره به‌نوعی مصون بمانند.

در برخی مذاکرات مهم حتی اینکه در جلسه مذاکره با چه حالتی بنشینیم و حتی نگاه کنیم و یا لبخند هم بزنیم ساعت‌ها کارشناسان طراحی و برنامه‌ریزی کرده‌اند.

تخمین زمان رسیدن تا محل مذاکره

"به گزارش خبرنگار اعزامی خبرگزاری آنا به وین، به خاطر به‌موقع نرسیدن تیم روسی به محل نشست، مذاکرات ۱+۵ برخلاف برنامه پیش‌بینی شده، امشب آغاز نمی‌شود؛ با وجود این، در حال حاضر مذاکرات دوجانبه میان طرفین ادامه یافت."

آیا می‌دانید روان‌شناسان معتقدند: شما دقیقاً زمانی می‌رسید که خودتان می‌خواهید؟

دیر کردنِ برخی از افراد به داشتنِ اضطراب در موردِ جایی که قرار است بروند مربوط می‌شود. این افراد یا کلاً در موردِ رفتن به آن مکان مضطرب هستند و یا از فکرِ اینکه به آنجا زود برسند، مجبور شوند منتظر بمانند و کاری برای انجام دادن نداشته باشند، دیر می‌روند.

- **برای رفتن به جلسه مذاکره دچار «سندرمِ یک کارِ دیگر» نشویم؛** این به این مفهوم است که گاه ما دقیقاً در دقیقه نود که در حال رفتن به جلسه‌ای می‌شویم، یادمان می‌افتد ایمیل چک کنیم، تلفن پاسخ دهیم، متن

گفتگو را اصلاح کنیم و... که این موضوع باعث می‌شود ما درنهایت در تایم تعیین‌شده به محل موردنظر نرسیم.

✓ تصــادف و ترافیک احتمالی را (به‌ویژه برای ســاکنین تهران و مراکز اســتان‌ها) در برنامه‌ی خود لحاظ کنید و به گونه‌ای از منزل یا دفتر کار خارج شوید که نیم ساعت قبل از جلسه در محل موردنظر حاضر باشید.

✓ شرایط پارک ماشین، سؤال و جواب ورودی‌های سازمان‌ها و شرکت، پیدا کردن اتاق مذاکرات و یا طی مسافت تا رسیدن به دفتر مدیرعامل، تایم هماهنگی با منشی را هم در نظر بگیرید.

؟

آیا می‌دانید دیر رسیدن شما چه احساس روانی در افراد حاضر در جلسه ایجاد می‌کند؟

• *به موقع رسیدن یعنی احترام به مخاطب و بیان اینکه برای او تا چه اندازه ارزش قائل هستید.*

• *تأخیر در جلسات و قرارهای کاری نشان‌دهنده بی‌توجهی شما به‌وقت و زندگی مخاطب؛ یعنی به دیگران اهمیتی نمی‌دهید.*

• *تأخیر در رسیدن در جلسه مذاکره یعنی نوعی قدرت‌نمایی. انگار می‌خواهید به‌طرف مقابل نشان دهید فرد مهمی هستید و نسبت به سایرین از جایگاه و مقام بالاتری برخوردارید؛ اما در باطن این کار اصلاً شما را فرد ویژه‌ای نشان نمی‌دهد. قرار گرفتن در هر موقعیتی این حق را به شما نمی‌دهد که دیگران را معطل نگه دارید.*

در نظر گرفتن موقعیت طرف مذاکره

در مذاکره با مدیران و روسا همیشه باید طوری عمل کنیم که افراد بـالادست نسبت به ما احساس برتری کنند. برای پیش برد اهدافتان در جلسه مذاکره بـا مدیران باید طوری رفتار کنیم که روسا قابل‌تر از آنچه هستند به نظر برسند.

در یکی از مجلات ستاره‌شنـاسـی مطلبی را می‌خواندم که به نظر فهم این موضوع را ساده می‌کند که "ستارگان ممکن است با خورشید خویشاوند باشند و به همان اندازه بدرخشند اما هرگز در کنارش ظاهر نمی‌شوند."

در جلسـه‌ای که از طرف نهادی نظارتی به یکی از ادارات حقوقی رفته بودیم، نقش و تأثیرگذاری این موضوع برای من اثبات شد. وقتی دیدم کارشناسی که در حال شرح اقدامات و نوآوری‌های آن اداره در ابلاغ سریع اوراق قضایی بود و وقتی با چشان پرسشگر و توأم با کینه مدیر بالا دستی روبرو شد با زیرکی تمام و جهت‌دهی این نوآوری‌ها به رهنمودهای و تجربه آن رئیس، تأیید دوچندان از عملکرد پرسنل را از ناظرین به دست آورد.

اقدامک

به شما توصیه می‌کنم حتی اگر طرح‌ها و نقشه‌های بهتر و مؤثرتر از رئیستان است این امتیاز را با مهارت کلامی به رهنمودها و ارشـادات او نسـبت دهید با این کار رضـایتمندی و حس قدرت او را تقویت و در دید طرف مذاکره به‌عنوان شـرکت و واحدی با سـاختار مدیریت مدار و پویا جلوه خواهید کرد. سـعی کنید طوری وانمود کنید که نقطه‌نظرها و دسـتاوردهایتان از افکار بکر و پویای او تأثیر گرفته اسـت (می‌دانم سخت است ولی لطفاً این کار را انجام دهید)

نیمه خالی لیوان اعتماد

یک واقعیت اثبات شده وجود دارد که ما همیشه توسـط کسی که بیش از همه به او اعتماد داریم و از ارادتش نسبت به خـود مطمئن هستیم، گزیده می‌شویم. یک مثال قدیمی می‌گوید: نزدیک‌ترین فرد بـه شما و افکـار شما بهتر از هر کس دیگری می‌داند که در چه شرایطی ضربه بزند. همـه این موضوعات گویای این موضوع هستند که در جلسه مذاکره حتی با نزدیک‌ترین افراد در موضوعات شخصی و یا کاری همیشه با لیوان نیمه خالی اعتـماد وارد گفتگو و مذاکـره شویـد، فرو افتادن در دام دل‌فـریب اعتمادهای نسنجیده در آینده به ندامت و پشیمانی منجر می‌شود.

اقدامک

لحظه‌ای خواندن این کتاب را متوقف کنید و با خود مروری کنید، اعتمادهایی را که در قلمرو کسب‌وکار، رفاقت، خانوادگی و... داشته‌اید، را به یاد آورید و بررسی کنید که لیوان شما در آن روابط تا چه اندازه از اعتماد خالی بوده است؟

✓ یادمان نرود که ما در جلسه مذاکره می‌کو شیم به اهداف تعیین شده جامه عمل بپوشانیم نه اینکه دوستی مهربان و یا رفیقی شفیق بپرورانیم.

در جلسـه مذاکره هیچ چیز ثابت و ایسـتا نیسـت، پس با نیمه نگه داشتن لیوان اعتماد خود در جهت تأمین منافع خود در جلسه مذاکره با اطمینان گام بردارید.

ضیق وقت

تا به حال در مورد ضیق وقت به شما تذکر داده اند ؟!

آیا در آن لحظه شما هم کنترل بحث را بیشتر از دست می‌دهید!

در جلسات مذاکره زیادی به‌واقع شاهد این صحنه بوده‌ام که مجری طرح هنگام معرفی طرح خود در جلسه معارفه و مذاکره شرکت‌های پیمانکار یا عمرانی، با شرح جزییات غیرضروری در معرفی پروژه نه تنها مسیر جلسه را از اهداف و موضوع اصلی منحرف کرده بلکه با زیاده‌گویی حوصله طرف حاضر در جلسه را از سر برده و نهایتاً با تذکر **ضیق وقت** و عدم نتیجه‌گیری نهایی روبرو شده است.

برای اینکه مفهوم این موضوع برای ما بهتر مشخص شود لئوناردو داوینچی مثال جالبی در این خصوص دارد که گویای این مطلب است : صدف‌ها هنگام کامل شدن قرص ماه باز می‌شوند. خرچنگ پس از مشاهده چنین صدفی بی‌درنگ با انداختن سنگ‌ریزه‌ها در داخل آن از بسته شدنش جلوگیری می‌کند سپس با آسودگی خیال آن را می‌خورد. حکایت آن صدف‌ها **حکایت مردمانی است که دهانشان را بیش از اندازه باز می‌کنند** و با نشان دادن حساسیت‌ها، نقاط ضعف و گرایش‌هایشان از میان می‌رود.

✓ لازم است بدانید وقتی در گفتگوها و مذاکرات کمتر از ضرورت سخن بگوییم به‌طور حتم نیرومندتر از آنچه هستیم جلوه می‌کنیم. با کوتاه صحبت کردن در جلسه مذاکره به‌نوعی توپ را در زمین حریف انداخته و او را با چالش و سؤالات گوناگون روبرو می‌کنیم، آن موقع است که می‌توانیم اطلاعات بیشتری از او بدست بیاوریم.

✓ مطمئناً بارها در اخبار و برنامه‌های تلویزیونی شــاهد کوتاه ســخن گفتن دولتمردان و ســیاســتمداران بزرگ در مذاکرات بوده‌اید. من به شــما می‌گویم که این کوتاه و کمتر از ضرورت سخن گفتن مختص دولتمردان نیست و ما هم می‌توانیم در بیشتر گفتگوها و مذاکرات حیطه‌های مختلف زندگی‌مان از این تکنیک استفاده کنیم و خود را در دید مخاطب و طرف گفتگومان هوشمند تر نشان دهیم.

حافظ اعتبار و جایگاه خود و دیگران

مطمیناً شما و یا شرکت شما در میان هم‌صنفان و همکارانتان به ویژگی‌های خــاصی شهــرت دارد، صرف‌نظر از اینــکه این خصوصیات تا چه اندازه درست است، می تواند سنگ‌بنای ذهنیت ارتباطات و قدرت روابــط مذاکراتی شمــا بــاشــد. باید بدانیم در عمل کمتر کسی ویژگی‌های منتسب به افراد و یا شرکت‌های طرف مذاکره را در محک آزمون گذاشته، بررسی و از در ستی و حقانیت آن اطمینان حاصل می‌کند ما اغلب بر اساس اطلاعات و داده‌های دیگران درباره موضــوعات داوری کرده و صــفات مثبت و منفی را بر آن بار می‌کنیم. گاه صفات مثبت شرکت ما در خدمات آنلاین و پشتیبانی ۲۴ ساعته می‌تواند ما را از مخمصــه و مهلکه برخی صــفات منفی مثلاً ضــعف در حوزه ارسال کالاها نجات دهد.

یکی از رموز موفقیت و حرفه‌ای جلوه کردن کسب‌وکار این اســت که، ســعی کنیم در کسب کار خــود صفت یــا اوصاف ممتــازی برای خود بسازیم، مهــم نیست کسب‌وکار شما چقدر بزرگ است، همین‌که فروشگاه و یا شرکت و شما

یک مشخصه و صفت بارز و زبانزد داشته بـاشـد شما را از سایـر رقبا متمایز خواهد کرد.

رفته رفته افراد بیشتری با خصوصیت بارز شما آشنا شـده و شهرت و اعتبارتان بر پایه آن محکم و اسـتوار می‌گردد، آنگاه خوش‌نامی شـما چراغی خواهد بود برای نمایاندن شما برای برقراری ارتباط و تعامل.

راستی بنظر شما مشخصه خاص مجموعه حقوقی هنگامه عسگری چیست؟! گام بعدی شما این است که با تمام قوا از این سرمایه بـاطنی بـه دست آمـده محافظت کنید، اعتماد چیزی نیست کـه یک شب به دست آیـد، سال‌ها وقت می‌خواهد تا بتـوان شهرت و آوازه و آن صفت خـاص را در میـان مشتریان و رقابت لحظه ای بازار کنونی و طیف وسیع رقبا به وجود آورد.

✓ توجه داشته باشیم که عدم پیگیری ، مشکل تکراری قطع سیستم و یا دروغ در حال پیگیری بودن موضوع، می‌تواند آن اعتبار را بر باد دهد و نکته دیگر ایـنکه، در کنار محافظت از اعتبار و مقاومت در مقابل آن نباید اجازه دهیم بی‌اعتمادی طرف مذاکره و یا سایر رقبا، اعتبار مجموعه ما را متزلزل کند.

اقدامک

شما در حیطه‌های مختلف زندگی‌تان، حرفه و کسب‌وکار، زندگی شخصی، در بین دوستانتان به چه صفت یا ویژگی مشهور هستید؟

۱.

۲.

۳.

- این را به خاطر داشته باشید که هیچ شرکتی حاضر نیست شهرت و اعتبارش را حتی بسیار کوچک و مقطعی با فرد یا افرادی قسمت کند و شما به‌عنوان مذاکره‌کننده و نماینده آن شرکت باید همواره این را در نظر داشته و مراقب آن باشید.
- در کنار این موضوع باید در نظر داشته باشیم که در جلسه مذاکره هرگز درصدد مخدوش نمودن اعتبار طرف مذاکره صحبتی به میان نیاوریم زیرا با نتیجه معکوس و گاه مقاومت روبرو خواهیم شد. بعضی از مذاکره‌کنندگان در جلسات برای سبقت گرفتن از رقبا، شهرت آنان را زیر سؤال برده و آن را ضایع می‌کنند، غافل از اینکه با انجام دادن این کار به اعتبار خودشان نیز لطمه می‌زنند.

در دست داشتن فرم اطلاعاتی

با گردآوری اطلاعات مفید و ارزشمند از طرف مذاکره می‌توانید قبل از شروع جلسه خود را یک گام جلوتر قرار دهید. اطلاعات کاربردی از طرف مذاکره و مواضع و اولویت‌های او می‌تواند افق دیدی برای ما ترسیم کند که با آن بتوانیم به خلاقیت در جلسه مذاکره دست بزنیم.

منابع اطلاعاتی برای تکمیل این فرم‌ها را از کجا به دست آوریم؟

۱. کسب اطلاعات از صفحه وب‌سایت یا شبکه‌های اجتماعی آن فرد و یا شـــرکت که به‌عنوان یکی از منابع اطلاعاتی این روزها محسوب می‌شود.

۲. دست‌یابی به اطلاعات جدیدترین محصولات ارائه شده و یا در حال فروش آن شرکت .

۳. اطلاع از آخرین جابجایی‌های مدیران و چارت‌های درون سازمانی

۴. نظرات ثبت شده کاربران و مشتریان وب سایت.

۵. دسترسی به اطلاعات گنجینه ناب باشگاه مشتریان(گاه دست نیافتنی است)

۶. نیازها و دغدغه‌های مشتریان که می تواند بیان‌گر نقاط قوت و ضعف و خلأهای سیستمی و یا مدیریتی آن شرکت باشد.

مثلاً وقتی برای انعقاد قرارداد مشاوره حقوقی به شرکت ساختمانی دعوت شده بودم، شب قبل از جلسه طبق عادت نـــام آن شرکت کوچـــک را در گـــوگل سـرچ کردم تا اطلاعات جانبی در خصوص اهـــم فعالیت‌ها و وسعت آن اطلاعاتی کسب کنم. بعد از ورود به سایت آن شرکت متوجه شدم آن شرکت ســـه پروژه در حال ساخت دارد که مساحت، آدرس و یکسری از جزییات آن درج و در قسـمت ثبت نظرات حدود ده نظر از ســوی اعضـا ســایت و بازدیدکنندگان آن درج شده بود که همگی حاوی شکایت و گله‌مندی از عدم

تحویل به موقع پروژه‌ها بود. موقع جلسه سعی کردم در بین صحبت‌ها اعلام کنم که من می‌دانم مشکل اصلی شرکت شما عدم وصول اقساط و چک‌ها در مواعد تعیین شده است و این جهت‌دهی صحبت‌ها با اطلاعات کسب شده موجب شد با مدیران آن شرکت قرارداد مشاوره را منعقد کنم علاوه بر این مدیران شرکت به من پیشنهاد دادند هفته‌ای یک جلسه به‌عنوان مشاور و ناظر قراردادهای آن شرکت مشغول به کار شوم.

✓ یکی از محافلی که می‌تواند در شناسایی طرف‌های مذاکره آینده ما کمک کند و گردهمایی‌های گروه مخاطبین ما هستند. با آگاهی از طرح‌ها و ایده‌های شرکت‌ها که عموماً در نمایشگاه‌های خود برای اولین بارآن‌ها را نمایش و اعلام رسمی می‌کنند، می‌تواند اطلاعات خوبی را برای ارائه در جلسه مذاکرات برایمان فراهم کنند.

با تهیه لیستی از نمایشگاه‌های عمومی و اختصاصی حوزه فعالیت خود می‌توانید چک لیست اطلاعاتی خوبی تهیه کنید.

اطلاع از بازارها و حوزه‌های سرمایه‌گذاری می‌تواند برگ برنده شما در جلسات مذاکره برای فروش و عرضه کالا و خدمات باشد.

مثلاً نیازسنجی که شــرکت بیمه برای انواع بیمه‌نامه‌های خود برای دارندگان خودرو و در مرتبه بالاتر، نمایشــگاه‌ها و نمایندگی‌های خودرو در یک نمایشــگاه رسـمی معرفی محصولات جدید و تجهیزات اتومبیل داشــته با شد، می‌تواند جهشی چند پله‌ای برای او در فروش و سرمایه‌گذاری به همراه داشته باشد.

اقدامک

بررســی کنید در حوزه کســب‌وکار خود غیر از موارد ذکر شــده چه منابع اطلاعاتی دیگری می‌توان داشت؟

۱.

۲.

۳.

داشتن نقشه مختصاتی

برای نمایش هندسـی هر نقطه، دو خط عمود برهم را که محور مختصات X و محور مختصــات Y، رسـم می‌کنند و از محل تقاطع این دو محور، که مبدأ مختصات نام دارد، موقعیت نقاط را نسبت به کل زمین و با توجه به یک مبدأ یا نقطه صفر محاسبه می‌کنند. (تعریف محور مختصات)

در یک جلسه مذاکره برای دا شتن عملکرد منا سب و در ست باید محدوده‌ای مشخص شده داشته باشیم. پس از تعیین هر هدف بدانیم در کدام سمت و به چه صــورتی باید گام برداریم. یعنی همانند محور مختصــات بدانیم در هر

موقعیتی فاصله ما از مبدأ چه اندازه است و باید در مسیر عمودی حرکت کنیم یا مسیر افقی، هدف ما میل به مثبت است (حرکت به سمت جلو) یا ... .

- اینها همه تفا سیری ه ستند که به ما به‌عنوان یک مذاکره‌کننده حرفه‌ای کمک می‌کند تا در تمامی گفتگوها و روابط خود بتوانیم هدف گذاری و حرکت مناسب و سنجیده‌ای داشته باشیم.

بعد از اینکه صفحه مختصات عملکرد و حوزه اهدافمان را مشخص کردیم باید بدانیم در آن صفحه چگونه تعیین مسیر کنیم.

در ابتدا اهداف بلندمدت را در نظر بگیریم، برای بلندمدت برنامه‌ریزی کنیم، آینده مذاکره خود را با شفافیت هرچه تمام‌تر ببینیم و شروع به نقطه‌گذاری در صفحه مختصات خود کنیم، از ورای موانع و تنگناها، نتایج را در کانون توجه قرار دهیم.

بعد از هدف‌گذاری و تعیین نقاط، باید فاصله هر هدف را با مرکز و یا نقطه صفر مذاکره بسنجید و برای خود تعیین کنیم با چه ابزار و چه گفتمانی می‌توانیم این فاصله را تا هدف تعیین شده طی کنیم.

- "تنها معدودی از افراد می‌توانند به ورای لحظه حال بیندیشند و آن را احساس کنند."

آیا تاکنون به این اندیشیده‌اید که چرا در طول تاریخ بسیاری از جنگجویان ندانسته‌اند چه وقت از حمله دست بکشند؟

پاسخ خیلی ساده است زیرا آنان هیچ آرمان یا طرح مشخصی را

دنبال نمی‌کردند. به مجرد کسب پیروزی از حرص و طمع به تسخیر مناطق بیشــتری روی می‌آوردند. حال آنکه هیچ چیز مهم‌تر از حفظ قدرت نیست.

✓ داشـــتن طرح و هدف قبل از انجام هر کار و مذاکره‌ای و پیش‌بینی تمام جزییات به حرکت ایمن و ســریع کمک خواهند کرد. اگر آدمی، طرح‌ها، برنامه‌ها و صـــفحه مختصات از پیش تعیین شـــده‌ای برای هر رابطه‌ای داشته باشد، در هنگام اجرا طرح و ایده‌ها با سرعت هرچه‌تمام‌تر می‌تواند حرکت کند اما نکته‌ای که در این مسـیر نباید فراموش کرد، اینســت که دور طرف مذاکره انسان هستند و هیچ انسانی نمی تواند صد درصد رفتار پیش بینی شده ای داشته باشد.

دو قورباغه در کنار برکه‌ای زندگی می‌کردند. گرمای تابسـتان برکه را خشـک کرد و آن‌ها تصمیم گرفتند خانه دیگری پیدا کنند. درراه پیدا کردن جای جدید به چاهی رسیدند که آب زیادی داشت. یکی از قورباغه‌ها به دیگری گفت: «بیا بریم در همین چاه زندگی کنیم چون هم سرپناه خوبی اســت و هم غـــذای کــافی در دستـــرسمان اســـت». قـورباغه دیـگر کـــه به عواقب کار فکـر می‌کرد گفت: اگر پیش‌بینی تو درسـت از آب درنیامد، آن‌وقت چگونه می‌توانیم از آن چاه بیرون بیاییم؟

✓ مادام که عواقب کاری را به دقت سبک و سنگین نکرده‌ایم از انجام آن امتناع کنیم.

✓ **در مسیر نقطه‌گذاری و هدف‌گذاری جلسه مذاکره باید این نکات را در نظر بگیریم که:**

- اهداف کم اهمیت را رها کنیم.
- تعداد بالای اهداف را حذف کنیم.
- هدف مهم را دنبال کنیم.
- دا شتن هدف قابل د ستیابی و منطبق با واقعیت‌های شرایط و توانایی طرفین.
- سعی کنیم در جلسه مذاکره یک هدف داشته باشیم به‌جای اینکه چند هدف را دنبال کنیم.
- هدف من در مذاکره باید دارای چهارچوب زمانی باشــــد یعنی یک هدف زمان‌دار که در آن مهلت انجام آن هدف مشــخص و شــروع و پایان تعیین شده داشته باشد.
- هدف باید با توجه به شــــرایط طرف مذاکره و واقعیت‌های موجود، واقعی و دست‌یافتنی باشد.
- بهتر اســت در تعیین اهداف منافع بلند مدت را ببینیم تا اهداف کوتاه مدت.

ساخت تکیه‌گاه برای طرف مذاکره

مدار جهان بر محور ضرورت می‌گردد، مردم تنها متأثر از نیازشان به انجام کار یا پذیرفتن پیشنهادی رغبت نشان می‌دهند.

در جلسه مذاکره بایـد پیوسته این مفهوم را بـه طرف مقابل برسـانید کـه قادرید در مخمصه و تنگنا و در راستای تحقق اهدافشان به آن‌ها کمک کنید.

افراد تنها زمانی پیشنهادات و تقاضاهای شما برایشان جالب است کـه رفع کننده نیاز آن‌ها باشد.

داســـتان جالبی دریکی از کتاب‌های لئو تولســـتوی خواندم که در تأیید این موضوع برای شما مفید خواهد بود، روزی صاحب کاروانی با دو اسب در حال گذر از صحرا بود، یکی از اسب‌ها تنبل بود و آهسته حرکت می‌کرد، صاحب کاروان بارهای آن اسب را برداشت و بر گرده اسب دیگر که بسیار فرز و سریع راه می‌رفت گذاشت تا زودتر به کاروانسرا برسد، در طول مسیر اسب تنبل رو به اسب فرز کرد و گفت: جان بکن و عرق بریز، هرچه بیشتر کارکنی، رنج و مشقت بیشتری متحمل می شوی. وقتی کاروان به کاروانسرا رسید صاحب کاروان پیش خود گفت آن اسب تپل که باری حمل نکرده، پس سهم یونجه او را به اسبی که بارهای بیشتری حمل کرده بدهم، وقتی یک اسب به‌تنهایی می‌تواند تمام بار مرا حمل کند پس به اسب دیگری نیاز ندارم و بهتر است او را بفروشم و برای این اسب زین جدیدی بخرم.

- ✓ اگر مایلید در جلسه مذاکره تقاضای شما پذیرفته شود باید با تأثیرگذاری بر حاضرین و برانگیختن حس نیازمنـدی و متکی بودن طرف مذاکره به خود مسیر موفقیت خود را هموار کنید. نیاز به هیچ زور و فشاری هم ندارید، آنان مشتاقانه امکاناتی که ما خواستارش هستیم را در اختیار ما می‌گذارند، ما با برانگیختن ایـن حس به توانمندی بی‌نظیری دست پیدا می‌کنیم که قابل تعرض نیست. مـا با ایجـاد حس اتـکا و وابستگی بـه محصول، کـالا، خدمات و یا تخصص خود در طـرف مذاکره، به او نشان می‌دهیم که بـدون حضـور ما کار و حرفـه و یا شـرکت و سرمایه‌گذاری آن‌ها از تعادل خارج می شود و حضور ما می‌تواند تسهیل‌کننده امور جاری و نیازهای آن‌ها باشد.

✓ با تفکیک نیاز و احساس مخاطب و یا طرف مذاکره در جلســه مذاکره به‌راحتی می‌توان به اهداف و موفقیت خود نائل شد.

بزرگ‌منشانه رفتار کنید

جالب اســت بدانید "عمل یا رفتارتان، عمل و رفتار دیگران را نسبت به شـما تعیین می‌کند."

اگر خود را فردی شایسته و توانمند و باکفایت باور داشته باشید و بر این اساس رفتار کنید، مردم هم با شما همان‌گونه رفتار می‌کنند.

هنگامی‌که کریستف کلمب در تلاش بود هزینه سفر دریایی و افسانه‌ای خود (کشــف قاره آمریکا) را فراهم کند، اکثر اطرافیانش تصور می‌کردند او فردی اشراف‌زاده و ثروتمند اسـت، اما این اصیل‌زاده بودن او تنها به دلیل تجسمات ذهنی کریستف کلمب بـود و واقعیت عینی نـداشت، بعـدها در بیـوگرافی او نـوشته شد که او فـرزند بافندهای معمولی بود. اما احساس و تصورات او از خودش، باعث شده بود، از جوانی حس کند فـردی مقتدر است و قـرار است کار بـزرگی را انجام دهد که نامـش در تاریـخ مانـدگار شود. به همین دلیل طـوری رفتار می‌کرد که گویی واقعاً اصیل و تبار اشرافی دارد.

✓ تنها با اعتقاد و بـاور این‌کـه مـا لایق و مشتاق خواسته‌هایمان هستیم، به‌سوی اهدافمان بدرقه می‌شویم.

با داشتن دیـد و رفتار بزرگ‌منشانه خود را در جلسه مذاکره، در جایگاهی که شایسته شماست، قرار دهید. حالات، حرکات، ژست‌ها و طرز نگاهتان افراد حاضـر در مـذاکره را تحت تأثیر قـرار داده و این باور را پدید آورید کـه شـما بااستعدادها و قابلیت‌های فراوان، از اعتمادبه‌نفس بالایی برخوردار هستید.

افرادی که در مذاکرات خود تاج خودباوری و بلند نظری بر سر دارند، بـه حصول طرح‌ها و تقاضاهایشان ایمان دارند و کوچک‌ترین تردیدی در ایـن حضور ندارند. فردی که در یک مذاکره با دید تنگ‌نظر تنها به جزییات و موضوعات کم‌اهمیت می‌پردازد، به طریقی خـود را در مسیر بـن‌بست قـرار می‌دهد.

یک نکته را از یاد نبرید که "هرکس با سـبک و شـیوه خاص خود در جلسـه مذاکره می‌تواند بزرگ‌منشانه رفتار کند، باید سعی کنید تمام اعمال و رفتارتان رنگ و بوی وقار داشته باشد. در اندیشه و تفکرتان، رفیع باشید درگیر جزئیات دست‌وپاگیر نباشید."

چه مثال‌هایی می‌توان برای رفتار بزرگ‌منشانه در جلسه مذاکره داشته باشیم؟

صـادق باشـیم - خوبی‌ها را از یاد نبریم - طرف مذاکره را محاصـره نکنیم - زود عصبانی نشویم - حوصله و صبر داشته باشیم - وسط حرف مذاکره‌کننده نپریم - همواره پیش‌قدم در احترام‌گذاری باشیم - در پی تلف کردن وقت در جلسـه نباشـیم - با انرژی و روحیه مثبت باشیم و...

اقدامک

لطفاً با در نظر گرفتن موضوع و اهداف مذاکره‌تان، فکر کنید و نمونه‌های دیگری از رفتار بزرگ‌منشانه را یادداشت کنید؟

۱.

۲.

۳.

یک توصیه:

شرکت در جلسات متعدد به من آموخت هرگز احساس ژرف ناشی از شأن و منزلت را در مذاکرات و گفتگوها از دست ندهم، این خصلت را زیر تاج حفظ کنید. با این کار شما در دید طرف مقابل سزاوارتر و شایسته به نظر می‌رسید. حیثیت و بزرگی شخصیت مختص افراد بلندنظر است.

بزرگ‌ترین امپراطوران عالم، خود تاج بر سر نهادند.

فصل ۳

طرح تقاضا

در این فصل

- ◆ تعریف تقاضا
- ◆ تقاضای ما چه شکلی باشد؟
- ◆ تقاضای مثبت
- ◆ تقاضای شیشه‌ای
- ◆ تقاضای هوشمند
- ◆ تقاضای احساسی
- ◆ تقاضی صریح
- ◆ سایز تقاضا (اندازه تقاضا)
- ◆ جادوی تصویرسازی تقاضا
- ◆ گوش دادن به تقاضا
- ◆ شنونده کاتب
- ◆ تکرار تقاضا

تعریف تقاضا

تقاضا در لغت به معنی میل و خواسته است. بیشترین تقاضاهای ما در عالم کسب‌وکار مالی است، یعنی باوجود اهداف مالی و کسب درآمد بیشتر و سهم سود، گفتگوها و مذاکرات خود را در حوزه کسب‌وکار طرح‌ریزی و گسترش می‌دهیم.

✓ جالب است بدانید ما در بسیاری از گفتگوها و مذاکراتمان به‌صورت پنهان و یا آشکارا در حال طرح تقاضا و یا پاسخ دادن به تقاضای دیگران هستیم.

تقاضای ما چه شکلی باشد؟

تقاضای مثبت

سعی کنیم در جلسه مذاکره آنچه را تقاضا داریم بگوییم نه آنچه که نمی‌خواهیم، صحبت در مورد آنچه که نمی‌خواهیم باعث نوعی مقاومت در طرف مذاکره می‌گردد. وقتی تقاضای خود را در جلسه مذاکره به صورت منفی بیان می‌کنیم، در طرف مذاکره دو ذهنیت ایجاد می‌کنیم:

۱. اینکه با تقاضای منفی طرف مذاکره گیج می‌شود و اصلاً نمی‌تواند تشخیص دهد ما دقیقاً چه درخواستی داریم.

۲. با تقاضای منفی در فرد نوعی مقاومت ایجاد می‌کنیم.

تقاضای شیشه‌ای

در جلسه مذاکره باید تقاضا و درخواست خود را به‌صورت شفاف، واضح مطرح کنیم. گاهی پیش می‌اید درخواست و یا تقاضا ازنظر خود ما روشن و واضح است و فکر می‌کنیم برای طرف مذاکره هم این‌چنین باشد و بدون شرح و یا سؤال از او به کار خود ادامه می‌دهیم که این برای نتیجه یک مذاکره خطرناک است.

یادمان باشد در مذاکره با جملات گنگ، مبهم و انتزاعی درخواست خود را مطرح نکنیم!

به یاد داشته باشیم که در جلسه مذاکره هرچه واضح‌تر تقاضای خود را بیان کنیم، احتمال پذیرش درخواست‌های ما به‌مراتب بیشتر خواهد شد.

- در جلسه مذاکره باید توجه داشته باشیم که پیامی که می‌فرستیم لزوماً مفهومی نیست که دریافت می‌شود و این تفاوت دریافت گاهی به‌صورت غیرارادی صورت می‌گیرد.

یک بار که در شرکت بازرگانی یکی از همکلا سی‌های قدیمی منتظر نشسته بودم تا جلسه او تمام شود، صدای صحبت یکی از حاضرین که مشخص بود د ست و پا شکسته فار سی صحبت می‌کند توجه مرا جلب کرد، بعد از چند دقیقه متوجه شدم طرف‌های ایرانی حاضر در جلسه، از بازرگانان ترکیه‌ای که

به‌عنوان فروشنده محصولات در جلسه مذاکره حاضر شده‌اند، درخواست دا شتند که در مورد فروش اجناس با آن‌ها **باان صاف رفتار** کند و طرف خارجی ا صرار می‌کرد که من حا ضر به ان صاف نی ستم و بحث بالا گرفته بود، بعد از اینکه از جریان باخبر شدم روی برگه برای دوستم نوشتم که تنفس جلسه اعلام کند و کنارش نوشتم فوری.

وقتی دو ستم از اتاق بیرون آمد از او خوا ستم اجازه دهد در بخش دوم مذاکره من هم شرکت کنم و او به این شرط پذیرفت که من خراب‌کاری نکنم و سعی کنم قیمت را کاهش بدهم. بعد از شروع جل سه از طرف ترکیه‌ای درخوا ست کردم با در نظر گرفتن شرایط اقتصادی ماه رمضان و تغییر تایم تردد و حضور افراد در مراکز خرید و کاهش تقاضای عموم مردم ایران در خرید پوشاک و زیورآلات، فروش این مرحله را با در صدی کاهش قیمت به طرف‌های ایرانی، انجام دهد. او بعد از چند دقیقه مکث و تکان دادن سر به مفهوم ح ساب‌کتاب ذهنی، پیشنهاد مرا پذیرفت.

بعد از پایان جلسه وقتی با طرف ترکیه‌ای صحبت کردم او به من گفت که اصلاً مفهوم باانصاف بودن را در معنای متداول آن متوجه نشده بود و فکر می‌کرد طرف‌های ایرانی منظورشان این است که قیمت کالاها نصف شود.

با دقت در مثال بالا متوجه می‌شویم که چقدر معنا و برداشت طرفین مذاکره از یک مو ضوع یا عبارت و یا کلمه، می‌تواند متفاوت با شد و این تفاوت بردا شت تا چه اندازه طرفین را از توافق نهایی دور خواهد کرد.

تقاضای هوشمند

گاه در جلسه مذاکره ما درگیر گفتگویی می‌شویم که خود ازآنچه تقاضا می‌کنیم آگاه نیستیم. ما کلمات را بیرون می‌ریزیم یعنی از حضور دیگران به‌عنوان سطل انباشت اطلاعات و کلمات استفاده می‌کنیم، درنتیجه طرف مذاکره نمی‌تواند در بین حجم زیاد گفته‌ها، تقاضای واقعی و مشخص ما را دریابد و یا دچار اشتباه در دریافت تقاضای اصلی ما می‌گردد.

> باید سعی کنیم در جلسه مذاکره بدون درگیر شدن و پیچیده کردن گفتگو، تقاضای خود را واضح و هوشمند مطرح کنیم.

تقاضای احساسی

برای بالا بردن احتمال پذیرش تقاضا و درخواست خود در جلسه مذاکره بهتر است تقاضای خود را بااحساس همراه کنیم. یعنی تقاضای خود را همسو با شرایط و دغدغه‌های طرف مذاکره مطرح کنیم.

در یکی از جلسات کمیسیون توافقات، با یکی از انبوه‌سازان شخصی تهران که بسیار نگران توقف عملیات ساخت و تأخیر تحویل واحدها به خریداران و دریافت اقساط پیش‌خرید کنندگان واحدها بود، که به این موضوع به‌صورت ضمنی چندین بار در آن جلسه از سوی نمایندگان آن شرکت مطرح شد و مشخص‌ترین درخواست مخفی آن‌ها فهم و همدردی ما با شرایط آن‌ها بود. باید جلسه طوری ادامه پیدا می‌کرد که به آقای سازنده این حس را القا کنیم

که "**ما می‌دانیم رفع این موضوع برای شما تا چه اندازه حیاتی است**"، باید با یک احساس همدردی اعلام می‌کردیم کـه مـا می‌دانیم توقـف فعلی عملیات سـاخت برج‌هـای مسکونی شما تا چه انـدازه مسائل مالی شـرکت شما را بـه مخاطره انداخته است و هدف مـا از تشکیل این جلسه مذاکـره اهمیت دغدغه شما و پایان دادن به آن است.

توجه به احساسات و منشأ نیاز طرف مذاکره، در نحوه تقاضا ما بسیار تأثیرگذار است و ما را به هدفمان نزدیک می‌کند.

تقاضای صریح

هنگام صحبت در جلسه مذاکره هـر اندازه ما در مورد موضوع تقـاضا صراحت بیشتری داشته باشیم، احتمال به دست آوردن آن بیشتر است.

تردید در بیان تقاضا موجب نوعی بی‌اعتمادی در طرف مذاکره می‌شود.

در یکی از جلساتی که شرکت کرده بودم، وقتی نماینده شرکت سازنده شرح قیمت تمام شده ساخت و تجهیز واحدهای مسکونی یک مجتمع را برای خریداران اعلام می‌کرد، برای تأیید گفته‌های خود مدام بـه مسئول ارشد خود نگاه می‌کرد و با عبارت "درست میگم مهندس" از او تأیـید می‌گرفت ایـن عدم صراحت او در آنچه بیان می‌کرد نوعی حس بی‌اعتمادی و غیـرواقعی بودن اعداد و ارقام را به طرف خریدار منتقل می‌کرد.

قبل از ورود به جلســه مذاکره برای خودمان واضـح و مشـخص کنیم که به دنبال چه پاسخی هستیم. در غیر این صورت در جلسه مذاکره گفتگوی بی‌هدف را آغاز می‌کنیم که بدون تحقق خواست طرفین به پایان می‌رسد.

✓ وقتی در جلسه مذاکره، طـرفین مطمئن نیسـتند که در ازای آن تقاضایی که مطرح می‌شود چـه چیزی می‌خواهند، وقت زیادی تلف می‌شود یعنی در واقع بحثی بی‌حاصل در پی گرفته‌ایم.

سایز تقاضا (اندازه تقاضا)

در یک جلسه مذاکره باید بدانیم به فراخور زمان، شرایط، تعداد افراد حاضر در جلسه، سمت یـا پست افراد حاضر در جلسه، موضوع اصـلی تقاضای خـود را مطرح کنیم. مثلاً در جلساتی که مدیران یک شرکت حضور دارند بایـد بدانیم که به خاطر محدودیت تایم حضور، باید تقاضا بسیار کوتاه مطرح شود.

در جلسه یکی از مدیران شهری با پرسنل یکی از ادارات، کـه پـس از مـاه‌ها پیگیری مورد موافقت قرارگرفته بود. فرصت بسیار نابی ایجاد شد برای طرح تقاضاها؛ پرسنل بسیار هیجان‌زده از فرصت پیـش آمده، یکی پـس از دیگری به بیان تقاضاهای شخصی خود پرداختند، غافل از اینکه تکرار مکررات برای مدیر کل نوعی بی‌اهمیتی را ایجاد کرده بود و جلسه بااینکه بـا تأخیر شروع شده بود زودتر از تایم تعیین شده خاتمه یافت.

✓ در مثال بالا عدم توجه تقاضاکنندگان به شرایط و سمت طرف مذاکره نه تنها موجب شـد تمام تقاضـاهای آن‌ها شـنیده نشـود بلکه نوعی حس

بی‌اهمیتی به پرسنل القا شد.

جادوی تصویرسازی تقاضا

در یکی از جلسات سازمانی که موضوع آن انتخاب پیمانکار برای ساخت یک مجتمع تفریحی بود، نوبت به معرفی مدل‌های پیشنهادی سازندگان رسید، هریک بعد از معرفی شرکت پرآوازه خود با دسته ای پرونده در دست که حاوی نقشه‌های پر خط و اعداد و فرمول‌های محاسباتی بود به معرفی و برآورد ریالی و ... طرح خود می‌پرداختند. در آن میان نوبت به مهندس جوانی رسید که خود را مدیر عامل شرکت مهندسی خود معرفی و پس از چند دقیقه با نمایش فیلم طرح پیشنهادی پروژه، شرح بسیار ملموس از آن برای حاضرین ارائه کرد به صورتی که هر یک از حاضرین با تصویرسازی بسیار طبیعی توانستند خود را در آن محل تصور کنند و با درک درست مساحت، امکانات، تعداد طبقات، فضاسازی درونی و بیرونی و نقشه داخلی پروژه، توانست نظر اکثریت را جلب و امتیاز ساخت و سرمایه‌گذاری پروژه چند صدمیلیاردی را با استفاده از تکنیک تصویرسازی در جلسه‌ای که شرکت‌های بسیار قدرتمند و مطرح ساختمانی حضور داشتند، به دست آورد.

- ✓ ارائه آمار و ارقام مبهم و پیچیده، استفاده از اصطلاحات تخصصی بیش از اندازه در یک جلسه مذاکره معمولاً با استقبال مناسبی روبرو نمی شود و درعین‌حال ممکن است القاکننده حس بی‌توجهی و پایین بودن اطلاعات باشد.

نکته حائز اهمیت در تصویرسازی آن است که به فراخور موضوع با کمی خلاقیت می‌توان در غالب مذاکرات از آن استفاده کرد، مثلاً در جلسه معرفی محصول پزشکی برای فروش به بیمارستان‌ها و مراکز درمانی نباید صرفاً به نشان دادن کاتالوگ‌های خارجی بدون ترجمه فارسی و شرح مزایا و برتری‌های محصول نسبت به موارد مشابه موجود در بازار و یا محصولات در حال استفاده بسنده کرد، به‌عنوان مذاکره‌کننده خلاق خود کاتالوگ محصول را به سبک ایرانی و بومی تهیه و با عکس‌های واقعی و گاهاً استفاده از آن محصول در جلسه مذاکره و یا در صورت حجیم و غیرقابل انتقال بودن و یا سایر شرایط فیلمی از نحوه کار کردن و یا مزایا و معایب و مشخصه اصلی و وجه تمایز آن با سایر محصولات تهیه و نمایش دهید.

یک پیشنهاد طلایی:

گاهی شما می‌توانید به‌عنوان مذاکره‌کننده و معرفی کننده کالاهای مصرفی، در صورت امکان و در نظر گرفتن شرایط آن کالا را یک‌بار خود تست کنید و یا در هنگام جلسه مذاکره برای جلب اعتماد طرفین و خریداران از واقعی بودن محصول و کارایی آن، خود مصرف‌کننده آن محصول باشید.

گوش کردن به تقاضا

گوش کردن به صحبت‌ها و تقاضای طرف مذاکره مهارتی است که می‌تواند رمز گشای بسیاری از چالش‌های جلسات مذاکره باشد. لازم است در جلسه مذاکره همه ذهن خود را خالی کنیم تا امکان گوش دادن با تمام وجود فراهم شود، تنها در این شرایط است که می‌توانیم دریافتی مستقیم و کامل از گفته‌ها و تقاضای طرف مذاکره داشته باشیم. در هنگام گوش دادن باید تمام پیش‌فرض‌ها و قضاوت‌ها را کنار بگذاریم.

در یک کلام باید بگوییم: مثل یک پسربچه کنجکاو به تقاضای طرف مذاکره گوش دهیم.

یک گوش در یک گوش دروازه نباشیم!

در هنگام گوش گردن به صحبت‌ها و تقا ضای طرف مذاکره به‌جای تمرکز بر تفکر و تحلیل شخصیت گوینده، به آنچه طرف مذاکره نیاز دارد گوش کنیم.

تمرکز بر نیاز گوینده باعث می‌شود، طرف مذاکره را کمتر تهدیدکننده قلمداد کنیم.

شنونده کاتب

برای اینکه به‌طرف مذاکره نشــان دهیم صحبت‌های او برای ما مهم و قابل اهمیت اسـت بایـد در ضمن گوش دادن، کلمات و موضوعات کلیدی تقاضای او را در حد یک تیتر و یا کلمه یادداشت کنیم.

یادداشت کردن نکات قابل توجه صحبت‌های طرف مذاکره چه مزایایی دارد؟

* به‌طرف مقابل این اطمینان را می‌دهیم که جزء جزء صــحبت‌های او را شنیده‌ایم.

* یادداشـــت کردن نکات کلیدی صــحبت‌های طرف مذاکره به ما در نتیجه‌گیری نهایی بسیار کمک می‌کند.

* مطالب یا موضوعات مبهم و یا شاخص را می‌توانیم در انتهای صحبت با طرف مذاکره مرور کنیم تا در آنچه گذشت تعمق و تأمل بیشتری کنیم.

تکرار تقاضا

ممکن اسـت برای شــما هم پیش آمده باشـد که برداشـت طرف مذاکره از صحبت‌های شما، با آنچه در ذهن خود داشته‌اید متفاوت باشد، یعنی پیامی که طرف مذاکره دریافت می‌کند همواره همان مطلبی نیســـت که ما مطرح کرده‌ایم. گاه تکان‌های سر مخاطب به نشانه تأیید ما را به اشتباه می‌اندازد که طرف مذاکره تقاضـای مرا دریافت کرده اسـت و با این عمل آن شــنیده‌ها را تأیید می‌کند.

✓ در مذاکراتی که احساس می‌کنید موضوع یا تقاضای مطرح شده به لحاظ

اصطلاحات تخصصی و یا واحدهای اندازه‌گیری ممکن است از جهاتی برای طرف مذاکره مبهم باشد، برای اطمینان از اینکه صحبت‌ها و موضوع مطرح شده همان پیامی است که طرف مقابل دریافت کرده، **دوباره نکته اصلی را جهت تأیید گرفتن تکرار کنیم** یا از مخاطب بخواهیم آن را تکرار کند، البته نحوه این درخواست نباید به صورتی باشد که طرف احساس کند به فهم و سطح دریافت او توهین شده است. لحن ما در این درخواست باید به صورتی باشد که نشان دهد، قصدمان اطمینان از درک درست و کامل پیام است نه چیز دیگر زیرا غالب افراد در مقابل این تقاضا بسیار حساس‌اند. به هرحال ما نیاز داریم از احتمال سو تعبیر از آنچه بیان شده آگاه شویم.

فصل ٤

در جلسه مذاکره

در این فصل

- ورود قاطعانه به جلسه مذاکره
- روی کدام صندلی بنشینیم
- در مذاکره باید سرحال باشید
- رازدار شگردهای خود باشید
- عدم کامل گرایی در مذاکره
- استفاده از تکنیک آیینه رفتاری در مذاکره
- خلع سلاح طرف مذاکره
- حواس پرتی در جلسه مذاکره
- عملکردهای حیاتی شما در جلسه مذاکره چه چیزی می‌باشد؟
- چای رایگان نخورید
- در جلسه مذاکره دست از چانه برکش
- مطابق محیط خود مذاکره کنید
- کوچک شمردن
- تغییر موقعیت در یک مذاکره (بازیگر منفعل نبودن)
- مذاکره راه منعطف
- الگوی رفتاری تغییر
- گام به گام در مذاکره پیش بروید
- ۹۰ دقیقه طلایی در مذاکره
- موشکاف جلسه مذاکره باشیم
- چگونه در جلسه مذاکره پل بسازیم
- شناخت رگ‌های حیاتی جلسه مذاکره (الویت‌ها)
- مذاکره با شخصیت‌های مختلف
- طرح شکلات پیچ پیشنهادات
- در جلسه مذاکره انتقاد نکنیم
- در جلسه مذاکره چه کار کنیم تا دیگران بخواهند کار مورد نظر ما را انجام دهند؟
- برانگیختن حس انتخاب‌گری در طرف مذاکره
- داشتن رفتار قاطعانه در یک مذاکره
- لیوان آب خود را در جلسه مذاکره خالی و پر کنید
- چگونه در جلسه مذاکره احساسات خود را کنترل کنیم؟
- فقط ۲۰ درصد پیشنهادات را بشنویم
- واگذاری بحث به طرف مذاکره
- ترک قاطعانه مذاکره

ورود قاطعانه به جلسه مذاکره

تردید و تزلزل در انجام یک کار کیفیت و نتیجه آن کار را به شدت تحت تأثیر قرار می‌دهد، در مقابل تردید شهامت وجود دارد که ابزاری‌ست که فرد باید در موقعیت و زمان مناسب و درست بکار ببرد.

- ✓ شهامت نسنجیده و بدون ارزیابی دقیق مسیر، نتیجه‌ای جز انحراف از مسیر درست و تحلیل نیرو و قوای جسمانی و روانی برایتان ندارد. همه ما طبیعتاً دارای نقاط ضعف و قدرتی هستیم.
- ✓ با ورود قاطعانه به جلسه مذاکره، می‌توان یک گام به‌سوی موفقیت در جلسه نزدیک شویم.

روی کدام صندلی بنشینیم

مطمئناً شرکت در جلسه برای ما هدفمند و معمولا برنامه‌ریزی شده است. گاه ممکن است این برنامه با طرح و نقشه‌ای از قبل تعیین شده باشد و یا مذاکره و گفتگویی لحظه‌ای و کاملاً فوری.

ما باید به‌عنوان مذاکره‌کننده حرفه‌ای، برای جزئی‌ترین موضوع و رفتار در جلسه مذاکره برنامه داشته باشیم حتی در مورد اینکه روی کدام صندلی بنشینیم باید از پیش در ذهن خود تصمیم گرفته باشیم.

اینکه در یک مذاکره دونفره قرار گرفته‌ایم یا یک مذاکره گروهی، مذاکره دارای غالب رسمی است و یا غالب تعاملی، ما نماینده یک سازمان و شرکت هستیم یا خود به‌عنوان مدیر مجموعه وارد مذاکره شده‌ایم، همه این مؤلفه‌ها بر نحوه رفتار و برخورد و حتی طرز نشستن ما در جلسه مذاکره تأثیرگذار است.

آیا شما به‌عنوان یک مذاکره‌کننده حرفه‌ای به طرز و فرم نشستن در جلسه مذاکره آشنا هستید؟

اهمیت انتخاب صندلی در جلسه مذاکره

دقت کرده‌اید وقتی در وسط جمع قرار می‌گیریم، مدام به این سو و آن سو نگاه می‌کنیم و با کلافگی به بحث گوش می‌دهیم.

اما وقتی که در گوشه جمع با زاویه دیدی کـه همگان را در تیـر رأس نگاه ما قرار می‌گیرند، با تمرکز بیشتری در جلسه حضور داریم.

✓ گاه شما در جلساتی دعوت می‌شوید که از قبل جایگاه شما تعیین و مقابل آن اتیکت معرفی نصب شده، دقت کنید در این‌گونه موارد این موضوع را کاملاً رعایت کنید.

• همواره باید رعایت کننده فاصله مناسب صندلی‌تان با افراد طرف گفتگو باشید.

• جهت نشستن در جلسه مذاکره مهم است. نه آن‌قدر دور از مخاطب اصلی که از دایره دید بیرون باشیـد و چهره یکدیگر را کامل نبینید، نه اینکه با نزدیکی زیاد طرف مذاکره احساس ناخوشایندی و ناامنی داشته باشد. اگر صندلی شما فاصله، ارتفاع و یا جهت مناسبی ندارد، آن‌ها را قبل از شروع جلسه تنظیم کنید.

• لازم نیسـت کاملاً روبروی افراد قرار بگیرید، فقط طوری نباشـد که برای نگاه به چهره مخاطبین مجبور باشید سرتان را برگردانید.

در مذاکره باید سرحال باشید

اینکه شما شب قبل چند ساعت خوابیده‌اید، اینکه صبح صبحانه میل کرده‌اید یا خیر، اینکه جلسه را بانشاط و لبخند شروع کنید یا با خمیازه و خواب‌آلودگی بر تأثیرگذاری موضوع و گفتمان شما گاه اثری مساوی با تخصص شمـا در آن حیطه مذاکره دارد. بله درست است، **نشاطی کـه شمـا می‌توانید بـرای تأثیرگـذاری و مـوج انـرژی در فضای جلسه ایجاد کنیـد از اهمـیت خـاصی برخوردار است.** اینکه شما در جلسه سرحال و بانشاط باشید بـه سمت، سـن، موضوع گفتگو و ... بستگی ندارد.

با هر سن و شرایط و پستی که در جلسه حاضر شدید **سعی کنید بانشاط و سرحال باشید،** حتی اگر واقعاً از درون به خاطر دعوای خانوادگی شب گذشته، دست‌انداز سر کوچه، نق‌نق فرزندتون امروز صبح کنار مهدکودک، اجاره خونه عقب‌افتاده صاحب‌خانه و... سرحال نیستید، بازهم سعی کنید در ظاهر خود را بانشـاط نشان دهید، سـعی کنید همانند کسـی که دیشـب به اندازه خوابیده، همانند کسی که با لبخند رضایت و قـدردانی همسرش بدرقه شـده، بااحساس سنگینی حساب اندوخته در جیب، **بانشاط باشید.** سعی کـنید برای چند لحظه هم که شده ژست افراد بانشاط و سرحال را به خـود بگیرید تا زودتـر از آنچه تصور کنید حالتان دگرگون شود.

✓ گاه با تغییر سـبک می‌توان جنب‌وجوش و نشـاط را به فعالیت خود بازگرداند.

> پابلو پیکاسو نقاش بزرگ با تغییر مدام سبک نقاشی‌های خود مانع خاموشی شعله شور و حرارت وجودش می‌شد.

✓ برای پرهیز از کهنگی و یکنواختی و جلوگیری از زنگ زدن باید هرروز را با نگاهی نو به جهان آغاز کرد.

رازدار شگردهای خود باشید

لازم اســت در بســیاری از گفتگوها و مذاکرات بر روی برخی تواناییها و شــگردهای کاری خود ســرپوش بگذاریم، ضــرورتی ندارد از تلاشها و جانفشانیهایمان برای طرف مقابل صحبت کنیم.

✓ تاکتیکهایتان را نزد طرفهای مذاکره که ممکن اســت روزی رقیب شما محسوب شوند، برملا نکنید وگرنه روزی علیه خود شما بکار خواهند بست.

به یاد داشــته باشــید که شــما باید پیش از آمدن به صــحنه مذاکره از طریق تمرین گفتگوها با تمرین فراوان و پژوهش به راز نهان و اســرار مذاکره خود به تسلط برسید. اما هرگز نباید تمام فنون و تواناییهایتان را بازگو کنید. بعضیها بر این باورند که اشاره به جزییات در هر کار نشانه صداقت و یکرنگی است. غافل از اینکه این شیوه رفتار قدر و اهمیت کارشان را پایین میآورد.

> تلاشها و ریزهکاریهای حرفهایتان را مخفی کنید، طوری رفتار کنید که افراد بهجای مشاهده منابع کارتان تنها با تجلیات آن روبرو شوند و مسحور دستاوردهای شما باقی بمانند.

برای این‌که یک مذاکره‌کننده حرفه‌ای و قدرتمند به نظر برسید، در جلسات مذاکره بیش از اندازه درباره مهارت‌ها و قابلیت‌هایتان تبلیغ نکنید. زیرا حدس و تردید افراد درباره میزان دانش و قابلیت‌های شما از خود دانش و قابلیت‌هایتان بیشتر عزت و تکریم می‌آفرینند.

عدم کامل‌گرایی در مذاکره

یک نکته را همیشه به ذهن خود بسپارید که بهتر از دیگران به نظر رسیدن خطرناک است، اما از آن خطرناک‌تر وقتی است که در ظاهر هیچ‌گونه نقص یا ضعفی نداشته باشیم.

- گاهی با زیرکی در جلسه مذاکره ایرادی بروز دهید، با این کار حساسیت‌های خود را در آن جمع خنثی می‌کنید. حتماً بسیار مشاهده کرده‌اید که وقتی فردی با ظاهر و رفتار بی‌عیب وارد مجلس یا جمعی می‌شود چطور موردحسادت و خصومت‌های خاموش حاضرین قرار می‌گیرد.
- افرادی که به‌طور طبیعی از قابلیت‌ها و مهارت‌های فوق‌العاده برخوردارند تا حد ممکن نباید استعدادها و توانایی‌های خود را در جلسه مذاکره تبلیغ کنند. این تفکر که ما می‌توانیم با تبلیغ توانایی‌هایمان طرف مذاکره را مسحور کنیم خطایی مخرب و ساده لوحی محض است.

استفاده از تکنیک آیینه رفتاری در مذاکره

یکی از روش‌های تحت تأثیر قرار دادن طرف مذاکره در جلسه استفاده از تکنیک آیینه است، همان‌طور که وقتی مقابل آیینه قرار می‌گیریم و ظاهر خود را مشاهده می‌کنیم از دیدن چهره خودمان انرژی می‌گیریم و تابع آن حس می‌شویم. وقتی در جلسه مذاکره با ارائه افکار، احساسات و رفتار مشابه طرف مقابل، آیینه رفتاری افراد می‌شویم بدون آنکه از نیت ما سر دربیاورند، تحت تأثیر ما قرار می‌گیرند و از ما تبعیت می‌کنند.

✓ در واقع با ا ستفاده از آیینه روانی در ذهن مخاطب و یا طرف مذاکره این تفکر را ایجاد می‌کنیم که از تمایلات، گرایش‌ها و ارزش‌های یکسانی بهره‌مند هستیم و کمتر کسی در مقابل اثرات آینه مقاومت می‌کند.

> "هنگامی‌که می‌خواهم بدانم فلان کس چه اندازه عاقل، نادان، خوب و یا بد است و یا در آن لحظه چه اندیشه‌ای از ذهنش می‌گذرد از حالات و حرکاتش به‌ویژه طرز قیافه‌اش تقلید می‌کنم. از آنجایی‌که بین جسم و ذهن ارتباطی تنگاتنگ برقرار است منتظر می‌مانم تا ببینم چه افکار یا احساساتی در ذهن و قلبم جلوه‌گر می‌شود"
>
> *"ادگار آلن پو"*

خلع سلاح طرف مذاکره

گاه لازم است برای رویارویی با افراد ریاکار و دورو این دست و آن دست نکنید، به هر قیمتی قدرتش را خنثی کنید. بیماری سرطان تنها با یک سلول ناهماهنگ که حق و حرمت سلول‌های مجاور را رعایت نمی‌کند آغاز می‌شود.

این نقطه عفونی را باید قبل از اینکه نیرومند و غیرقابل‌کنترل شود مهار گردد، در غیر این صورت به سایر بافت‌ها سرایت پیدا می‌کند.

- ✓ مؤثرترین راه انزوا و خلع سلاح طرف مذاکره و یا رقیب، دور کردن او از کانون و مرکز قدرتش است.

مطمئناً داستان‌ها و مثل‌های قدیمی را شنیده‌اید که اگر قصد دارید تیر و کمان به دست بگیرید، بلندترین تیر را در نیرومندترین چله کمان قرار دهید. هنگام تیراندازی به مهاجم اول به اسبش تیر بزنید. برای گرفتن دسته‌ای از سارقان نخست سردسته‌شان را دستگیر کنید. این‌ها همه نشان از این مطلب دارد که در یک جلسه مذاکره باید بامهارت خلع سلاح طرف مذاکره آشنا بود و در زمان مناسب از آن بهره برد.

حواس‌پرتی در جلسه مذاکره ممنوع!

دوست عزیز "**حواس‌پرتی مانع شما برای بهره‌وری بالا است**". جالب است بدانید سازمان‌ها و ادارات، بالاترین هزینه‌هایی که در سال متحمل می‌شوند مربوط به حواس‌پرتی پرسنل می‌شود.

تمرکز توجه و حضور فعال در جلسه مذاکره چیزی است که شما به آن نیاز دارید. حواس‌پرتی در دنیای اطلاعات لحظه ای ممکن به دلایل خیلی ساده محیطی و یا درگیری‌های ذهنی که مربوط به زندگی شخصی شما باشد، به نظر ساده می‌آیند ولی این موضوع در عین سادگی خیلی چالش برانگیز است. جالب است بدانید، **ما به‌طور متوسط هر سه دقیقه حواسمان پرت می‌شود و برای اینکه مجدد بتوانیم حواسمان را جمع کنیم یازده دقیقه طول می‌کشد.**

آیا می‌دانید یکی از دلایل عدم تمرکز چندوظیفگی است.

آیا می‌دانید که شما هرگز نمی‌توانید در یک لحظه بر دو موضوع تمرکز کامل داشته باشیم.

همه ما لحظات گفتگو با تلفن که همراه با خوردن چای، مرتب کردن میز، تایپ کردن و ... را تجربه کرده‌ایم و اینکه مدام حواسمان پرت شده و از گوینده سؤال پرسیده‌ایم که چی گفتید، میشه دوباره تکرار کنی و... تمام این عبارت‌ها گویای این مطلب است که ما روی گفتگوی تلفنی تمرکز نداریم و عملکرد ما در آن کار پایین و فقط انرژی بیشتری مصرف می‌کنیم بدون اینکه عملکرد و یا بهره‌وری مناسب را داشته باشیم.

اقدامک

لطفاً حواس‌پرتی‌های خود را در جلسات مذاکره اخیر بررسی کنید تا متوجه شوید، حواستان کجاست؟

۱.

۲.

۳.

عملکردهای حیاتی شما در هر جلسه مذاکره چه چیزی می‌باشد؟

کارهای حیاتی که می‌توانیم در هر جلسه مذاکره یا هر گفتگویی برای خود داشته باشیم یعنی کارهایی که ما باید بر انجام آن تمرکز کنیم و مابقی کار را به سایرین واگذار کنیم.

گام اول: شناسایی عملکردهای حیاتی خود در هر جلسه مذاکره

لیست مشخصی از اولویت‌های شما که باید بسیار محدود باشد و خلاصه باشد. حدود سه تا پنج کار.

مثلاً سه کار مهمی که باید اولویت ما باشد:

۱. تبادل‌نظر
۲. چانه زدن در مورد رقم قرارداد
۳. پیش‌بینی تاریخ شروع بکار .

گام دوم: عملکرد توصیفی از کاری که باید در جلسه مذاکره انجام شود

یعنی به‌صورت مفصل و با جزییات برای خود شرح دهیم که هر یک از اولویت‌های اعلامی در گام اول را چگونه و به چه صورتی عملیاتی کنیم.

تحت هیچ شرایطی در جلسه مذاکره اولویت خود را فراموش نکنیم:

- در یک جلسه مذاکره ممکن است از بحث دور شویم ولی نباید اجازه دهیم اولویت ما فراموش شود.
- مراقب باشیم پیشنهادها ما را از الویتمان دور نکنند.
- گاه لازم است برخی از اولویت‌های لیست خود را در لحظه نادیده بگیریم.

چای رایگان نخورید

در کتاب قوانین قدرت رابرت گرین خوانده‌ام: "پیش از دریافت هر چیز بهای آن را تمام و کامل بپردازید"

پیش‌دستی در تقدیم هدیه، طرف مقابل را ملزم می‌کند هرچه زودتر درصدد جبران کار شما اقدامی انجام دهد. حتماً برای شما پیش‌امده که پس از دریافت هدیه ناقابل یک دوست، مدام کارهایی را که می‌توانید برای او جبران کنید را با خود مرور می‌کنید.

د ست‌ودل‌باز بودن در روابطتان، باعث می شود افراد مجذوب شما و در صف دوستان یکدل و صمیمی شما قرار بگیرند. گشاده‌دستی نه تنها در تأثیرگذاری بر دیگران جادو می‌کند، بلکه نوعی عملکرد خلاقانه در استفاده از پول خود است.

اما لازم ا ست بدانیم این سخاوت و د ست‌ودل‌باز بودن در جل سه مذاکره باید باهدف معین و از پیش تعیین شده انجام شود هدف ما از طرح این موضوع در مبحث مذاکره، به د ست آوردن مدح و ستایش از سوی حا ضرین در جل سه مذاکره نیست. بلکه **هدف از سخاوتمندی در جل سه مذاکره به د ست آوردن قدرت در گفتگو برای تأثیرگذاری بیشتر است.**

در مذاکره دست از چانه قیمت برکش

آیا می‌دانید قدرتمندان هیچ‌گاه در هنگام ارزیابی یک کالا فقط از حیث مالی آن را نمی‌سنجند؟

علت این کار نه از آن‌جهت است که آن‌ها صاحب قدرت‌اند و مکنت بلکه آن‌ها معتقدند عواملی نظیر صرف وقت، شأن و منزلت اجتماعی و آرامش در کانون توجهشان قرار دارد.

✓ چانه زن غیرحرفه‌ای ضــمن اتلاف وقت خود به خاطر چانه‌زنی، پیوســته حرص‌وجوش می‌خورد که چرا فلان کالا و یا محصول را از فروشگاه دیگر باقیمت کمتری نخریده است.

✓ چانه زن غیرمنطقی به‌منظور کاهش قیمت، وقتش تلف و آرامشش مختل می‌شود، اما غافل از این است که هزینه بیشتری متقبل شده است.

مطابق محیط جامعه خود مذاکره کنید

شــما به‌عنوان یک مذاکره‌کننده حرفه‌ای باید تمام ابعاد رفتاری و ظاهریتان با معیارها و استانداردهای بومی جامعه خود تطبیق داشته باشد. در جلسه مـذاکره باید بکو شید به‌عنوان فردی هم سو باارزش‌های متداول غالب آن جامعه رفتار کنید. نوع پوشش، گویش و آداب معاشرت و احوال‌پرسی و...

✓ یک مذاکره‌کننده حرفه‌ای و باهوش خوب می‌داند که صـرف‌نظر از افکار

و اعتقاداتش در برابر الگوها، ارزش‌ها و هنجارهای حاکم بر جامعه سر فرود آورد و آن‌ها را رعایت کند.

- ✓ در مسیر کسب‌وکار و مذاکرات خود گاه لازم است افکار و آرمان‌های شخصی خاص خود را نادیده بگیرید **و در مسیر جامعه هدف حرکت کنید.**

مثلاً اگر به‌عنوان یک مذاکره‌کننده، برای تنظیم قرارداد با یک شرکت به شهر تبریز رفته‌اید، باید در سطح متوسط به زبان و گویش آذری مسلط باشید

شما به‌عنوان یک مذاکره‌کننده در جلسات غیررسمی و غیردولتی شهر تهران شاید بتوانید با کروات ظاهر شوید ولی در شهری مثل قم، ممکن است امکان‌پذیر نباشد.

مثلاً من به شخصه می‌دانم که در جلسات درون‌سازمانی نباید با پوششی غیر از مقنعه ظاهر شوم و یا باید بدون آرایش و یا حداقل‌ترین آن حضور پیدا کنم.

همه ما داستان گله و گوسفند سیاه را بارها شنیده‌ایم که گله از گوسفند سیاه دوری می‌کند. گوسفند سیاه یقین ندارد که به گله پیوسته و همبسته است. به همین دلیل از گله عقب می‌ماند، سرگردان می شود و نهایتاً به چنگ گرگ‌ها می‌افتد. "از گله جدا نشوید. **جمعیت امنیت پدید می‌آورد. در قلمرو اندیشه متفاوت باشید. نه در عرصه رفتار.**"

- ✓ ما با حضور در جلسه مذاکره میان اقوام و قومیت‌های خاص نه تنها باید ارزش‌های حاکم بر آن جامعه و شهر را محترم بشماریم بلکه برای محبوبیت و احترام مضاعف خود نیز آن‌ها را رعایت کنیم.

کوچک شمردن

توجه به چیزهای کم‌اهمیت به آن موجودیت و اعتبار می‌بخشد. توجه بیـش از اندازه به طرف مذاکره او را نیرومند می‌کند.

حتماً برای شـــما هم پیش آمده که موقعی که لکه کوچک چای و یا قهوه را روی فرش می‌خواهید پاک کنید، آن لکه کوچک نمایان‌تر و بزرگ‌تر می‌شود. **گاه باید نسبت به جزییات کم‌توجه بود.**

> "اگر نمی‌توانید چیزی را به دسـت آورید آن را حقیر شـــمارید. هرچه کمتر علاقه نشان دهید برتر به نظر می‌رسید."
>
> *"رابرت گرین"*

الاغی در سانحه‌ای دمش را از دست داد و به شدت اندوهگین شد. او همه‌جا به دنبال دمش گشت و آن‌قدر ابله بود که تصور می‌کرد قادر است دمش را به همان نقطه متصل کند. روزی در حال گذر از علفزاری وارد باغی شد. باغبان او را دید و نتوانسـت بی‌توجهی او را در پایمال کردن کشـتزارش تحمل کند. درنتیجه از کوره در رفت، به‌سوی الاغ یورش برد و گوش‌هایش را برید و او را از باغ بیرون انداخت. با این حساب الاغ که به خاطر از دست دادن دمـــش نالان بود، با از دست دادن گوش‌هایش ناراحتی‌اش دوچندان شد.

✓ گاه در جلسه مذاکره اگر خود را فوق‌العاده خواهان موضوعی نشان دهیـم و در راه به دست آوردن آن بیش از اندازه سماجت نشان دهیم، نه‌تنها بــه خـواسته خود نمی‌رسیم بلکه وقت و نیرویمان تلف می‌شـود و علت

آن این اســت کــه علاقه و خواستن ما از اعتدال خارج شده و به افراط کشیده می‌شود.

ممکن اسـت با این صحنه در جلسه‌های مذاکره‌تان روبرو شده باشید که گاه سـماجت و اصرار شـما موجب وحشـت و دستپاچگی طرف مقابل بشـود، یا به‌صـورت بالعکس؛ وقتی می‌بینیم طرف مذاکره در خصوص یکی از شـرایط اصـرار و پافشـاری زیادی می‌کند، ناخودآگاه با خود مرور می‌کنیم که **علت این‌همه اصرار و سماجت چیست؟** پشت این اصرار چه علتی نهفته است که من از آن غافلم. او درصدد رسیدن به چه موضوعی است؟ و در انتها او در نظر ما فردی ضعیف و مفلوک به نظر می‌رسد.

✓ ناچیز شمردن مسائل از ویژگی‌های فرمانروایان است. لویی چهاردهم اگر کسی را دوسـت ندا شت طوری رفتار می‌کرد که پنداری آن فرد حـضور ندارد و از این طریق بر اقتدارش تأکید می‌کرد.

✓ ما هم به‌عنوان مذاکره‌کننده حرفه‌ای می‌توانیم با حقیر دانســـتن برخی گفته‌ها، رفتارها و موضـوعات در جلسه مذاکره تأکید کنیم که بر تمامی جنبه‌های جلسـه تسـلط داریم و با نادیده انگاشـتن آن‌ها تمرکزمان را به‌سمت واقعیت‌های موجود و موضوعات مهم جلب می‌کنیم.

تغییر موقعیت در یک مذاکره (بازیگر منفعل نبودن)

گفتگو با عبدالحمید شهرابی درباره مذاکرات هسته‌ای:

منبع: تریبون مستضعفین، مورخ: سه‌شنبه ۲۳ مهر ۹۲
بررسی موقعیت ایران در مذاکرات ژنو

"مهم این است که ببینیم در این دور از مذاکرات چه چیزی در قیاس

با گذشته تغییر کرده است. آیا در **موقعیت و مواضع** طرف‌های مذاکره تغییری به وجود آمده؟ به نظر بنده پاسخ به این سؤال هم منفی و هم مثبت است. منفی بدین لحاظ که **جوهر مواضع طرفین تغییری نکرده و** مثبت از این نقطه نظر که **شرایط عینی بعد از آخرین دور مذاکرات تغییر کرده** و این تغییر قطعاً بر موقعیت طرفین مذاکرات تأثیر داشته است. جوهر مواضع ایران و آمریکا و متحدین اروپایی‌اش همان است که قبلاً بوده. ایران در راستای حق تعیین سرنوشت و حاکمیت ملی خود بـه دنبال احقاق حـق توسعه انرژی صلح‌آمیـز هسته‌ای است و آمریکا در رأس دول سلطه‌گر می‌خواهد این حق را از ایران سلب کند. لکن، از مذاکرات آلمانی تا امروز رویدادهایی به وقوع پیوسته که منجر به تغییر شرایط طرفین این مذاکرات شده است. در این فاصله شاهد دو رویداد مهم بوده‌ایم. اولی انتخابات ریاست جمهوری ایران و دومی متوقف شدن برنامه حمله نظامی مستقیم آمریکا به سوریه."

✓ با دقت نظر در گفتگوی فوق در مورد جایگاه تغییر موقعیت در مذاکره، آن هم مذاکراتی در اهمیت و وسـعت مذاکرات ژنو درمی‌یابیم که **تغییر موقعیت یکی از تکنیک‌های مذاکره‌کنندگان حرفه‌ای‌ا ست** اما در این میان درک و تمرکز بر جوهر و اهداف عالیه یک مذاکره از اهمیت خاصی برخوردار اسـت. یعنی در هر مذاکره بدانیم حدود و مرز ما برای پیش روی و یا عقب‌گرد تا چه اندازه‌ای اسـت، مرزهای یک مذاکره ما را در حفظ جایگاه و اعتبار شخصی و تجاری یاری می‌کند و این مو ضوع حتی در سطح کوچک مذاکرات هم قابل تسری و کاربرد است.

موضــوع دیگری که در تغییر موقعیت در مذاکره وجود دارد، **موضــوع تغییر و انعطاف در شرایط است**، با تغییر شرایط است که می‌توان در جلسه مذاکره به تغییر موقعیت و موفقیت دســت یافت. مثلاً در مذاکرات ژنو ایران و آمریکا به‌نوعی بر حل معضل توافق داشتند و بحث اصلی را بر راه‌های حل معضل و اثبات حق ایران برای دســترسی به انرژی هســته‌ای مورد بحث و گفتگو قرار می‌گرفت.

مذاکره راه منعطف

یک مذاکره‌کننده موفق و حرفه‌ای معمولا باتوجه به شــرایط، رفتار منعطفی از خود نشــان دهید، یعنی باید در کنار قاطع بودن و در نظر گرفتن منافع، در شرایط و موقعیت‌های پیش آمده، اهـــــداف طرف مقابل را حـــدس زده و متناسب با آن رفتــار می‌کند.

✓ افرادی که با ســرســختی بر اهداف خود پافشــاری می‌کنند خیلی زود شکسته می‌شوند و شکسته شدن یعنی نرسیدن به اهداف هر مذاکره.

✓ باید سعی کنیم در جلسه مذاکره انعطاف‌پذیر با شیم و حالات متنوع از خود بروز دهیم.

✓ به این حقیقت چشــم بگشــایید که توانمندی با انعطاف‌پذیری نســبت مستقیم دارد. انعطاف‌پذیری در هر شرایطی حق انتخاب ما را در جلسه مذاکره و یا هر گفتگو و ارتباط دیگری چند برابر می‌کند و به نحو چشمگیری موجب پیشرفت آن ارتباط می‌گردد.

✓ باید مانند آب ســیال و انعطاف‌پذیر بود اما هدفمند و در مســیر و چهارچوب اولویت‌های تعیین‌شده حرکت کرد.

حتماً در فیلم‌های مستند حیات‌وحش دیده‌اید که جانورانی که دارای پوسته محافظتی و یا به اصطلاح لاک هستند دارای حرکتی کند هستند و همین کندی آن‌ها را در مقابل سایر جانداران ضعیف‌تر و طعمه‌ای قابل‌دسترس‌تر تبدیل کرده اما ماهی‌ها به دلیل زندگی در شرایط سیال آب، پرجنبش و غیرقابل‌دسترس‌تر هستند.

الگوی رفتاری تغییر

باید بدانیم که داشتن یک رفتار قابل پیش‌بینی در یک جلسه مذاکره باعث می‌شود ما به فردی قابل‌کنترل تبدیل شویم. گاهی لازم است در جلسه مذاکره به فراخور شرایط و موضوع موردبحث رفتار غیرقابل‌پیش‌بینی بروز دهیم تا افراد سلطه‌جو نتوانند رفتارهای ما را رصد و بر احساسات و خواست ما تأثیرگذار باشند.

✓ پیش‌بینی حرکات حریف که در بازی شطرنج بسیار کاربرد دارد و همواره توسط حرفه‌ای‌های این بازی مورد استفاده قرار می‌گیرد که باعث می‌شود فرد توسط حریفی که حرکات او را پیش‌بینی و حدس می‌زند، شکست بخورد.

اهمیت این موضوع در اینجاست که گاه لازم است کاری برخلاف تجربیات گذشته انجام دهیم تا با پیش‌بینی حریف در تضاد باشد و معادلات او را برهم زند. وقتی ما در جلسه مذاکره الگوهای رفتاری همیشگی را رها می‌کنیم در واقع جلوی آزادی عمل و پیش‌بینی طرف مذاکره را می‌گیریم.

آیا تابه‌حال به این موضوع فکر کرده‌اید که چرا ما می‌توانیم حیوانات را به دام بیندازیم؟

بله درست است حیوانات الگوهای رفتاری مشخصی دارند و این موضوع شکار را برای انسان راحت‌تر می‌کند. و تنها انسان است که از آن قابلیت برخوردار است که هوشیارانه الگوهای رفتاری‌اش را تغییر دهد.

✓ افراد حرفه‌ای در جلسات مذاکره با ایجاد تشویش و دل‌شورگی در طرف مذاکره، شرایط را به‌طور کامل تحت کنترل درمی‌آورند.

پس لازم است ما برخی اوقات بدون اخطار قبلی در جلسه مـــــذاکره با رفتاری غیرقابل پیش‌بینی طرف مذاکره را دچار شوک کنیم.

به قول یکی از بزرگان **فقدان محاسبه بهترین محاسبه اسـت.** پـس گـاه لازم است از قید رفتارهای برنامه‌ریزی شده، ناپایدار عمل کرد.

در سال ۱۹۸۴ محمدعلی کلی و جورج فورمن در برابر یکـدیگر قرار گرفتند تا برای تعیین قهرمان سنگین‌وزن بوکس جهان مبارزه کنـند. جـورج فورمن جثه‌ای بسیار سنگین داشت در مقابل محمدعلی می‌توانست بـا رقص پایش حریف را خسته و در وقت مناسب ضربه‌های سنگین را فـرود آورد. محمدعلی مدت ده سال این تکنیک را بدون تغییر اجرا می‌کرد. در ایـن بـازی فورمن در آغاز مشت سنگینی را به‌صورت محمدعلی نواخت و انتظار داشت که او این ضربه را تلافی کند اما وقتی فـورمن انتظار داشت محمدعلی با رقـص پایش

به‌سوی او بیاید، او با حرکتی سریع و تهاجمی مشتی سنگین به‌صورت فورمن وارد کرد و با این کار نقشه حریف را به هم ریخت. و بعد فورمن با پرتاب مشت‌های سنگین بی‌هدف خود را خسته کرده و درنهایت محمدعلی توانست با مشتی سنگین او را از پای درآورد، در اینجا اعتقاد فورمن به فرضیه بروز رفتار مشخص و همیشگی محمدعلی باعث شد در تله تغییر تکنیک محمدعلی قرار بگیرد.

گام‌به‌گام در مذاکره پیش بروید

حرکت مرحله‌به‌مرحله و گام‌به‌گام در یک مذاکره این امکان را به ما می‌دهد که با کسب پیروزی‌های کوچک، جهشی مثبت در رفتار و گفتمانمان ایجاد کنیم. وقتی ما مرحله‌به‌مرحله پیش می‌رویم، درواقع تصور روشنی خواهیم داشت که مرحله بعد به کدام سمت می‌رویم و این‌که پیروزی بعدی چه خواهد بود و از این به بعد با اطمینان بیشتری در مذاکره پیش می‌رویم. ممکن است در ابتدا گام‌های اولیه به نظر ساده و بی‌اهمیت باشند اما مهم نیست، ما گام بعدی را برمی‌داریم، با حرکت مرحله به مرحله، احساس ترس و اکراه در طرف مذاکره کمتر ایجاد می‌گردد زیرا او احساس می‌کند اوضاع به سود او پیش می‌رود. با تقویت این احساس، اعتماد ایجاد شده و نتیجه نهایی دست‌یافتنی خواهد بود.

۹۰ دقیقه طلایی در مذاکره

همان‌طور که می‌دانید بدن ما برای عملکرد در ست سیستم مغزی به صورت

تناوبی نیاز به مصـــرف انرژی دارد و این فرایند تناوبی نه تنها در زمان بیداری بلکه در زمان خواب ما هم تکرار می‌شود. کشف بزرگ دانشمندان در خصوص راز کارایی و عملکرد انســـان در دوره‌های تناوبی ۹۰ تا ۱۲۰ دقیقه‌ای، نقطه عطفی شد برای کمک به افزایش عملکردهای جسم و روح.

- **مذاکره‌کنندگان حرفه‌ای، برای موفقیت خود در گفتگوها و جلســـات خود، قانون دوره‌های تناوبی را در تایم جلســـات خود رعایت می‌کنند.**

  همان‌طور که برای افزایش عملکرد خود باید روز کاری خود را به بازه‌های زمانی ۹۰ دقیقه‌ای تقسیم کنیم، یعنی ۹۰ دقیقه با تمام قوا کار و سپس تایمی را به استراحت و بازیابی بپردازیم و پس از استراحت، ۹۰ دقیقه بعدی را آغاز کنیم، در جلســـه مذاکره هم می‌توان برای افزایش کارایی و عملکرد خود از این قانون بهره برد.

یکی از روش‌هایی که می‌تواند برای رعایت قانون ۹۰ دقیقه طلایی به ما کمک کند، استفاده از تایم‌های صرف چای، اعلام تنفس و یا تایم جمع‌بندی و یا مرور موضوعات مطرح شده، در جلسه مذاکره است، در این فرصت‌های ایجاد شده ضمن پرداختن به شـــارژ و بازیابی انرژی جســـمی می‌توانیم با تیم همراه خود به ارزیابی و یا دســـته‌بندی مباحث مطرح شده پردازیم.

موشکاف جلسه باشیم

در هنگام گوش دادن به صــحبت‌های طرف مذاکره، در هنگام نگاه کردن به چهره گوینده و یا حاضرین باید موشکاف باشیم.

✓ تیزحسی در گفتگوها، موشکافی کردن آنچه می‌بینید و می‌شنوید و بکار بردن دقت و هوشیاری در جلسه مذاکره مهـارت بزرگی اسـت کـه فقط مذاکره‌کنندگان حرفه‌ای به آن واقف هستند.

هر مطلب یا ا صطلاحی که در جلسه مذاکره مطرح می‌شود باید همراه با یک تعریف جامع و مانع با شد؛ و ما به‌عنوان مطرح کننده آن مو ضوع باید مطمئن شویم که آن مطلب ارائه شده از سوی مخاطبین درست و در مفهوم مورد نظر ما منتقل شده است یا خیر.

موشـکافی و دقت در جلسه مذاکره الزاماً نباید با طرح پرسـش‌های مربوط و نامربـوط پشت سـر هـم همـراه باشـد، چـون در ایـن صـورت ممکـن است صحبت‌های ما از حوصله حاضرین جلسه خارج باشد.

چگونه موشکاف باشیم در جلسه؟

- یادداشت‌برداری از نکات بااهمیتی که می‌شنویم.
- با پرسیدن سؤالات مناسب، می‌توان هم موشکاف جلسه باشیم و هم به اطاعات ارزشمند نهفته در ذهن طرف مذاکره پی ببریم.

این موضوع را هنگام کارآموزی در شعب دادگاه یاد گرفتم. تمام مذاکرات درون جلسه دادگاه با سؤال و جواب‌های **هدفمند و کوتاه** انجام می‌شود. قاضی هیچ‌گاه فرد حاضر در جلسه را با حجم وسیع سؤالات روبرو نمی‌کند. هر وقت از سؤالی به مقصود و هدف مورد انتظار نرسد، سؤال خود را به شکل و نوع دیگری مطرح می‌کند.

✓ **مهارت طرح سؤال، از امتیازات مذاکره‌کنندگان حرفه‌ای است.**

- در طول سال‌هایی که در کنار یکی از مدیران حقوقی کار می‌کردم که ایشان مهارت بسیار بالایی در پرسیدن سؤالات مناسب و کلیدی داشت، در اکثر جلساتی که به‌اتفاق ایشان شرکت می‌کردم متوجه شدم **مهارت پرسیدن سؤالات هدفمند در اثر تجربه و تمرین به دست می‌آید.**
- دنبال کردن صحبت‌های افراد به تمرکز و حضور ذهن ما در جلسه مذاکره کمک می‌کند.
- در مورد آمار و ارقام اعلامی در جلسه مذاکره، سعی کنیم خود محاسبه‌گر آن‌ها باشید. مثلاً وقتی در جلسه فروش تعدادی از طبقات یک مجتمع هستیم، اعلام می‌شود واحدها از قرار هر مترمربع ۵/۵ میلیون تومان، واحدها در متراژهای ۸۰ تا ۱۵۰ متری، قیمت در طبقات ۵ به بالا به ازای

افزایش هر طبقه ۴٪ به ارزش مبنا اضافه می‌گردد. طبقات شـــمالی با دسترسـی تراس با طبقات شـمالی بدون تراس واحدی ۱۵ میلیون تومان تفاوت قیمت دارد و بسـیاری اعداد و ارقامی که شـما در چند لحظه می‌شنوید و باید با تمرکز به درک نسبی از قیمت هر واحد برسید.

چگونه درجلسه مذاکره پل بسازیم

قبل از ورود به هر مذاکره‌ای باید بتوانیم با شناخت شکاف‌های بین دو طرف و بر اساس نیاز آن‌ها، برای هم سو کردن عقاید و پیشنهادات پل بزنیم.

✓ برای دا شتن مذاکره‌ای موفق باید بتوانیم در جلسه مذاکره تأثیرگذارتر و هوشمند باشیم.

آیا می‌دانید ۸۵ درصـد از دسـتاوردهای شـما در جلسـه مذاکره به توانایی انتقال موضـوعات و پیام اصـلی به‌طرف، مذاکره و مجاب کردن او برای عمل کردن به پیشنهادات و خواسته‌ها و توصیه‌های شما بستگی دارد.

قبل از ورود به هر گفتگو و مذاکره‌ای باید بتوانیم بر اسـاس نیاز دو طرف و با استفاده از شکاف‌ها، در جلسه مذاکره پل بزنیم.

۱. گاه نیاز طرف مذاکره از شرکت در جلسه این ا ست که در مورد مو ضوع مورد پیشنهاد ما **هیچ اطلاع و دانشی** ندارد و لازم است ما اساس کار خود

را بگذاریم به دادن اطلاعات و دانش از حوزه مورد بحث. در این‌گونه موارد اغلب لازم نیست پا را فراتر بگذاریم و وارد مباحث عملیاتی شویم، صرف دانش برای او کافی است. مثلاً وقتی برای معرفی یک برنامه جدید موبایل معرفی شدیم، آن‌قدر موضوع و حیطه فعالیت جدید است که لازم است برای مخاطبین در حد اطلاعات معرفی محصول صحبت کنیم نه بیشتر.

✓ این موضـوع معمولاً در مواقعی اتفاق می‌افتد که ما با فرد یا افرادی پایین‌تر از سطح اطلاعاتی خودمان وارد گفتگو و یا مذاکره می‌شویم.

> نکته‌ای که در این خصـوص وجود دارد این اسـت که، زمان و نحوه دادن اطلاعات و دانش جدید و حتی چینش و ترتیب ارائه دانش هم در جلسه مذاکره، از اهمیت خاصی برخوردار است. (چه چیزی را چه زمانی بگوییم)

۲. در برخی مواقع طرف مذاکره، اطلاعات و دانش از موضوع را شما دارد ولی انگیزه و یا اعتماد لازم را انعقاد قراردادهای کاری را ندارد، معمولاً در حیطه‌های ارتباطی و یا کسب‌وکار طرف شـما **درصورتی‌که به نتیجه کار شما اطمینان ندا شته با شد،** دچار این شکاف می‌گردد. در این‌گونه موارد باید برای طرف مذاکره **تصویر واضحی از نتیجه پیشنهادات** و یا اعداد و ارقام ارائه دهیم تا برای پذیرش پیشنهادات ما انگیزه بهتری پیدا کند. مثلاً غالب وکلا در بسیاری از جلسات مشاوره، به شرح مواد و قوانین جاری اکتفا می‌کنند، غافل از اینکه بسـیاری از مراجعه‌کنندگان خود توانایی خواندن موارد قانونی را دارند اما، انگیزه لازم را برای انعقاد قرارداد وکالت را ندارند،

زیرا روال و نتیجه کار وکیل در آن موضوع خاص برایشان مبهم است، اگر در همان جلسه اول مشاوره، وکیل مسیر و نتیجه کار را برای مراجعه‌کننده به‌وضوح ترسیم می‌کرد، مطمئناً او انگیزه لازم برای انعقاد قرارداد همکاری را در همان ساعات ابتدایی پیدا می‌کرد، گاه شکاف بین وکیل و مراجعه‌کننده با پل انگیزشی رفع می‌گردید.

شناخت رگ‌های حیاتی جلسه مذاکره (اولویت‌ها)

اکثر مردم فکر می‌کنند اولویت‌های ما، کارهایی است که باید انجام دهیم، اما از صحبت‌های طلایی برایان تریسی یاد گرفته‌ام که **برای تفاوت داشتن با اکثریت مردم، اولویت‌های خود را بر کارهایی بگذارید که نباید انجام دهید.**
اینکه بتوانیم قبل از جلسه مذاکره تصمیم بر چیزهایی داشته باشیم که نباید انجام دهیم، شناخت و تمرکز بر اینکه چه کارهایی را نباید در آن جلسه انجام دهیم، هم تمرکز ما را در جلسه بالا می‌برد و هم اینکه ما را برای بودن در هرلحظه مجهز می‌کند.

> " موفقیت بعد از همه چیز به کاری مربوطه که ما نباید انجام دهیم."
>
> *"برایان تریسی"*

به نظر شما چه کارهایی را در جلسه مذاکره نباید انجام داد؟

- در جلسه مذاکره نباید با طرف مذاکره جدال کنیم.

- در جلسه مذاکره نباید عصبانی شویم.

- در جلسه مذاکره نباید پرخاشگر باشیم.

- در جلسه مذاکره نباید مدام به گوشی خود نگاه کنیم.

- در جلسه مذاکره نباید صحبت‌های دیگران را قطع کنیم.

- در جلسه مذاکره نباید غیر از موارد ضرورت و خاص از جای خود برخیزیم.

- در جلسه مذاکره نباید به‌طرف مذاکره بی‌احترامی کنیم.

- در جلسه مذاکره نباید حین خورد و آشامیدن صحبت کنیم.

- در جلسه مذاکره نباید به شخصیت و سمت افراد توهین کنیم.

- در جلسه مذاکره نباید از مشکلات شخصی خود صحبت کنیم.

- در جلسه مذاکره تا حد امکان از جهت‌دهی‌های سیاسی پرهیز کنیم (مگر اینکه کلاً موضوع موردبحث از موارد سیاسی باشد).

- در جلسه مذاکره نباید از اخبار و رویدادهای سیاسی، اقتصادی، ورزشی و ... صحبت کنیم مگر اینکه مرتبط با موضوع باشد.

اقدامک

غیر از مواردی که ذکر شد، چه نبایدهایی می‌توانیم به لیست بالا اضافه کنیم؟

۱.

۲.

۳.

مذاکره با شخصیت‌های مختلف (mbti)

همه ما در هر یک از محیط‌هایی که قرار می‌گیریم به واســطه نوع و شــکل روابطمان با شخصیت‌های مختلفی برخورد می‌کنیم. در تمام این روابط نحوه برخورد آن‌ها با ما، موجب بروز عکس‌العمل‌هایی را از ما می‌گردد. در ذیل به‌صورت نمونه چندین شخصیت مطرح شده که ممکن است این خصوصیات مربوط باشد به یکی از اعضا خانواده ما، دوستان، همکاران و یا حتی که فردی که در جلسه مذاکره با او روبرو می‌شــویم. بنابراین شــناخت خصــوصیات شــخصیت‌های مختلف می‌تواند ما را از فشــار روانی و ناراحتی‌های به وجود آمده در محیط‌های مختلف برهاند و به ما کمک کند تا به‌عنوان فردی کارآمد و اثربخش ارتباطات مدیریت شده‌ای داشته با شیم و بهتر بتوانیم با آن‌ها وارد مذاکره شویم.

شخصیت‌های درون‌گرا و برون‌گرا

افراد برون‌گرا در ارتباطات معمولاً پیش‌قدم ه ستند، از جمع انرژی می‌گیرند و دارای عکس‌العمل‌های سریع ه ستند. برای اینکه بتوانید در جل سه مذاکره از این افراد امتیاز بگیرید باید به آن‌ها فهماند که مرکز توجه جمع هســتند.این افراد باید مراقب هیجان و صــدای گفتگویشــان در مذاکره با افراد درون‌گرا باشند، برون‌گراها باید مراقب سؤالات پی‌درپی طرف‌های مذاکره باشند تا مبادا با پا سخ‌های ارائه شده اطلاعات زیادی در اختیار سایر رقبا قرار دهند از این‌رو پیشــنهاد می‌گردد افراد برون‌گرا معمولاً ســؤالات را در جلســه مذاکره کوتاه و مختصــر بیان کنند و از شــرح اضافی موضــوع خودداری کنند. گوش کردن در ست و تمرکز تمریناتی ا ست که این د سته باید در د ستور کار خود دا شته باشند. حضور در جمع قبل از شروع جلسه باعث انرژی مضاعف برون‌گراها در جلسه مذاکره می‌شود از این منبع تغذیه انرژی استفاده کنید.

افراد درون‌گرا بیشــتر تمایل به گفتگوهای ذهنی دارند و از مرکز توجه قرار گرفتن در جمع اســتقبال نمی‌کنند، معمولاً به‌راحتی در جلســات اظهارنظر م ستقیم نمی‌کنند. برعکس تفکر عامه الزاماً افراد خجالتی و یا تنهایی نیستند. این افراد در جلسه مذاکره گزینه‌های محدودی را پیشنهاد می‌دهند.

✓ اگر جزو افراد درون‌گرا هستید سعی کنید در جلسه مذاکره:

در ارتباطات و گفتگوها برای تأثیرگذاری از ارتباط چشــمی و زبان بدن استفاده کنید.

▪ قبل از شروع جل سه خلوت چنددقیقه‌ای دا شته با شید برای افزایش تمرکز و انرژی درونی‌تان.

- موضوعات و پیشنهادات خود را بااحساس همراه کنید
- بهره‌گیری از اشتیاق و هیجان در بیان، تن صدای مناسب، باعث جلب توجه طرف‌های مذاکره به موضوعات و پیشنهادات ما می‌شود.

✓ **اگر جزو افراد برون‌گرا هستید سعی کنید در جلسه مذاکره:**

- هوشیار باشید که طرف مذاکره با سؤالات مکرر ما را از هدف اصلی‌مان دور نکند.
- در هنگام صحبت از تجربیات حوزه کسب‌وکار خود، مراقب باشید اطلاعات شخصی و غیر لازم مطرح نگردد.
- پرحرفی این دسته در مذاکرات و یا گفتگوها ممکن است برای سایرین ناخوشایند و کسل‌کننده باشد.

شخصیت‌های شهودی و حسی

افراد شهودی کلی‌نگر هستند و معمولاً هنگام مذاکرات به شرح کلیات موضوع می‌پردازند و نوآوری و تحول برای آن‌ها ارزش زیادی دارد، در هنگام مذاکره با این افراد باید بخش‌های نو ایده‌های جدید پیشنهادی را به صورت پررنگ و در ابتدای صحبت مطرح کرد تا اتصال بهتری با موضوع ما برقرار کنند. افراد شهودی غالباً رؤیای خلق موضوعات و محصولات جدید را سردارند و این موضوع شاید از سوی افراد غیرشهودی تا حدی غیرقابل‌باور باشد.

افراد حسی با دقت و تمرکز بر جزییات گرایش خاصی به تجربه‌های شخصی خود دارند و در هنگام شرح موضوعات در جلسه مذاکره به صورت گام‌به‌گام و مرحله‌ای عمل می‌کنند، مثال‌های تجربه‌های شخصی خود را مطرح می‌کنند

و در صدد هستند که اجرایی بودن پیشنهادشان را برای شما به کمک حواس پنج‌گانه اثبات کنند، حالات و احساسات این دسته به‌راحتی در چهره‌شان قابل شناسایی است، شرح جزییات توسط این دسته گاه از حوصله افراد حاضر در جلسه مذاکره خارج و باعث ناراحتی حاضرین می‌گردد.

✓ اگر جزو افراد شهودی هستید سعی کنید در جلسه مذاکره:

- برای جلب نظر سایر افراد جزییات موضوع پیشنهادی خود را بیشتر شرح دهید.

- غیر از شرح برنامه‌های بلندمدت، توجه خود را به زمان حال معطوف کنید.

- از حواس پنج‌گانه خود در انتقال مفاهیم کمک بیشتری بگیرید، احساس افراد را درگیر خود و موضوع پیشنهادی خود کنید.

- سعی کنید هنگام گفتگوها از اعداد و ارقام و مثال‌های روزمره کسب‌وکار خود بگویید.

- باید سعی کنید اجرایی بودن برنامه‌ها و پیشنهادهایتان را برای سایر افراد حاضر در جلسه توضیح دهید.

✓ اگر جزو افراد حسی هستید سعی کنید در جلسه مذاکره:

- با شرح زیاد جزییات موضوع موجب آزردگی و بی‌حوصلگی بقیه حاضرین نشوید.

- کلیات و برنامه‌های بلندمدت پیشنهادها خود را برای طرف مذاکره شرح دهید.

شخصیت‌های فکری و احساسی

افراد فکری ارزش زیادی برای حقیقت قائل هستند این افراد تا حدی ایرادگیر، خشـک و رسـمی هسـتند. رسـیدن به موفقیت برای آن‌ها بسـیار مهم اسـت. حضـور به‌موقع در جلسـه مذاکـره و تصمیمات منطقی از ارزش‌های آن‌ها محسـوب می‌گردد، آن‌ها حتی احسـاسـاتشـان هم در غالب منطق بروز پیدا می‌کند. انصاف برای آن‌ها دارای جایگاه خاص است. در مقابل این دسته افراد احساسـی قرار دارند که؛ دارای احساسـات معنادار، معتقد به ادب و نزاکت، عاطفی و احساسی حتی در تصمیم‌گیری‌هایشان نظر دیگران هم مهم است حتی گاهی دچار وسواس راضی نگه داشتن دیگران می‌شوند.

✓ اگر جزو افراد فکری هستید سعی کنید در جلسه مذاکره:

▪ همیشـه لازم نیسـت برای دیگران حقیقت را بازگو کنیم، برای برخی افراد دانستن حقیقت مطلوب نیست.

▪ برای شکستن قاب خشک و رسمی خود لازم است هنگام مذاکرات با چهره‌ای مزین با تبسم و روی گشاده پذیرای سایرین باشید تا سایرین بتوانند با قلاب شدن احساسات به شما نزدیک و اعتماد کنند.

▪ در جلسه مذاکره به‌جای تمرکز بر ذکر دلایل، از داستان‌های عملی و کاربردی پیشنهادها خود سخن بگویید.

✓ اگر جزو افراد حسی هستید سعی کنید در جلسه مذاکره:

▪ برای حفظ تمرکز و اقتدار خود، از همدلی خود با سایرین کم کنیم و بر اهداف و تصمیمات خود پافشاری کنیم.

▪ شـما نمی‌توانید همه را راضـی نگه دارید، در جلسـه مذاکره از منطق خود بیشتر بهره بگیرید.

شخصیت‌های منظم و منعطف

افراد منظم دارای چهارچوب ذهنی و قانون‌مدار هســتند، بســیار علاقه‌مند به برنامه‌ریزی و کنترل شرایط و موضوعات هستند، معمولاً کارها و برنامه‌های کاری‌شان را دربسته‌های تعیین شده زمانی اجرا می‌کنند و از پیشــنهادهای قالب‌بندی شده استقبال می‌کنند. در مقابل این افراد، شخصیت‌های منعطف هستند که همان‌طور که از اسم آن‌ها مشخص است، از برنامه‌های منعطف استقبال می‌کنند و چهارچوب‌های غیر منعطف برای آن‌ها آزاردهنده هستند. معمولاً در تصمیم‌گیری‌ها مسامحه می‌کنند و کار و موضوعات جدی ترجیح دوم آن‌ها است. افراد منعطف از برنامه‌ها و پیشنهادهای جدید استقبال می‌کنند و گاهی برنامه و هدف خود را با پیشــنهادهای تغییر می‌دهند، توانایی خاص این افراد در وفق دادن خود در شــرایط مختلف آن‌ها به افراد توانمندی تبدیل کرده که باشخصیت‌های مختلف بتوانند ارتباطات بدون چالشی داشته باشند.

✓ اگر جزو افراد منظم هستید سعی کنید در جلسه مذاکره:

▪ چهارچوب‌ها و قانون شخصی ممکن است برای خود شما مطلوب باشد ولی برای سایرین ناخوشایند باشد.

▪ در مواجه با افراد دیگر انعطاف بیشتری نشان دهید. این موضوع به جذاب بودن شما کمک می‌کند.

▪ اجازه ندهید شرایط کنترل نشده جلسه مذاکره تمرکز شمارا به هم بریزد و شمارا دچار استرس کند.

✓ اگر جزو افراد منعطف هستید سعی کنید در جلسه مذاکره:

▪ برای موضوعات پیشــنهادی خود چهارچوب تعیین کنید، تا در تله

حجم زیاد پیشنهادهای ارائه شده، درگیر انعطاف و از این شاخه به آن شاخه پریدن نشوید.

- در ست ا ست زمان برای شما مفهومی متفاوت دارد، ولی با مدیریت مناسب زمان در جلسه، اعتبار خود را حفظ کنید.

طرح شکلات پیچ پیشنهادات

✓ گزینه‌هایی را پیشنهاد کنید که هرکدام انتخاب شود، به نفع شما باشد.

✓ عقب‌نشینی و دور شــدن از انتـظار، شیـوه کلاسـیک بـه دست آوردن خواسته‌ها است.

ما با انجام این تاکتیک به‌طرف مقابل (طرف مذاکره) هشــدار می‌دهیم که بدون ح ضور ما چگونه همه‌چیز فروریخته و متلا شی می شود. در این هنگام باید گزینه‌ای مناسب پیشنهاد دهیم: «من کناره‌گیری می‌کنم و طبعاً شما باید عواقب آن را تحمل کنید» یا «تنها با شرایطی که دیکته می‌کنم بازمی‌گردم.» درواقع با این تکنیک حق انتخاب طرف مذاکره را در کنترل درمی‌آورید و آنان ناچارند گزینه‌ای را به شما پیشنهاد دهند که ما در آن ابتکار بیشتری داریم و با این کار آن‌ها حس می‌کنند که از حق گزینش برخوردارند و به‌ســادگی در جهت تحقق اهداف و خواسته‌هایمان گام برمی‌دارند.

بیسمارک، صدراعظم آلمان که از انتقادهای دائمی رادلف ویـرشو آسیب‌شناس و سیاستمدار آلمانی خسته و کلافه شــده بود. تصمیم گرفت ویرشو را به دوئل دعوت کند. ویرشو گفت چون من به دوئل دعـوت شده‌ام باید سلاحی را که قرار است با آن دوئل کنیم را من برگـزینم. سپس او دو سوسیس بـزرگ و

مشابه هم برداشت و گفت: یکی از این دو سوسیس آلوده به میکروبی مرگبار است و دومی کاملاً سالم. رو به بیسمارک کرد و ادامه داد عالیجناب باید یکی از این دو را برای خوردن انتخاب کنید و سوسیس دوم را هم خودم می‌خورم." صدراعظم پس از چند لحظه فکر کردن گفت که از دوئل صرف‌نظر کرده است.

با دقت در مثال مذاکره بالا درمی‌یابیم که مهم نیست با چه قدرت و سمتی در مذاکره وارد می‌شوی، بلکه مهم است طرف مقابل را در مقام انتخاب پیشنهاد خود قرار دهید تا به بهترین نحو ممکن به خواسته و اهداف خود برسید.

- ✓ **ما با کنترل گزینه‌های** افراد می‌توانیم به‌سادگی آن‌ها را در جهت تحقق اهدافمان برانگیزیم.

حمله یک گاو را به یک انسان را تصور کنید، گاو با شاخ‌هایش به آن فرد حمله می‌کند و او را به گوشه‌ای پرتاب می‌کند، او با دو شاخ حمله می‌کند تا آن فرد را در تنگنا قرار دهد و راه فرار را بر او ببندد و آن فرد نه راه پس داشته باشد و نه راه پیش. در این شرایط آزادی عمل از آن فرد گرفته شده و با هر جنبشی خود را در محاصره شاخ‌های گاو می‌بیند و ناتوان از مقابله.

- ✓ **برجسته کردن پیشنهاد موردنظر**

گاه لازم است موقع ارائه پیشنهادها طوری رفتار کنیم که پیشنهاد یا گزینه مورنظر ما در مقایسه با سایر پیشنهادها بهترین به نظر برسد و با این تکنیک خواهیم توانست طرف مذاکره را تحت سیطره و نفوذ خود قرار دهیم.

- ✓ **گزینه‌ها را کاهش دهیم**

یک تکنیکی که بسـیاری از فروشـندگان بزرگ از آن اسـتفاده می‌کنند، این است که وقتی مشتریان به فروشگاه‌های آن‌ها مراجعه می‌کنند تنها با معرفی و ارائه دو یا سـه پیشـنهاد از آن‌ها اسـتقبال می‌کند تا با محدود کردن دایره انتخاب آن‌ها، محصولات موردنظر خود را بفروشند.

یک مذاکره‌کننده حرفه‌ای هم با یک بغل پیشـنهادها ناهمگون و متفاوت موجب سـردرگمی و عدم تصـمیم‌گیری طرف مذاکره نمی‌شـود بلکه با هوشمندی لازم طرف مذاکره را با توپ‌های آماده زمین خود روبرو می‌کند.

در جلسه مذاکره انتقاد نکنیم

انتقاد در جلسه مذاکره یک کار پرریسک است چون باعث می‌شود، طرف مذاکره بلافاصله از خود دفاع کند و برای تأیید گرفتن به تقلا بیافتد، انتقاد در جـلسه مذاکره از آن جهت خطرناک است که غرور فرد را جریحه‌دار می‌کند و به حس مهم بـودن آن طرف آسیـب می‌زند و او را می‌رنجاند، به قـول دیـل کارنگی "انتقاد مثل کفتر جلدی است که همیشه به خانه برمی‌گردد".

✓ یک موضـوع را باید بپذیریم که طرف مذاکره که مورد انتقاد ما قرار گرفته، مطمئناً پس از انتقاد، درصدد تأیید خود و محکومیت ما و موضوع انتقاد اقدام خواهد کرد. نمود این موضـوع را می‌توانیم در کوچک‌ترین مذاکرات و گفتگوهای روزمره مشـاهده کنیم وقتی از نحوه حتی غذا خوردن کودکان انتقاد می‌کنیم که مثلاً هستی جان مادر چرا به این شکل غذا می‌خوری، چرا برنج ها را از بشـقاب بیرون ریخته‌ای و یا چرا دستهایت را ماستی کرده‌ای، اولین کاری که می‌کند انکار است که کو.

نه من که چیزی نریخته‌ام، این چند برنج که چیزی نیست و اصلاً خودتم روی لباست چند برنج ریخته‌ای پس خودت چی؟

سؤال: اگر در جلسه مذاکره مورد انتقاد قرار گرفتیم باید چگونه رفتار کنیم؟

پس از شنیدن انتقاد در جلسه مذاکره به جای اینکه طرف مذاکره را محکوم کنیم، او را درک کنیم و دلیل آن انتقاد و یا رفتار خاص را در جلســه مذاکره بفهمیم. این کار بســیار مفیدتر و جالب‌تر از انتقاد متقابل است و سبب هم دردی و صبر و مهربانی طرف مذاکره می‌شود، می‌دانم سخت است ولی شدنی است.

در جلسه مذاکره چه کار کنیم تا دیگران بخواهند کار مورد نظر ما را انجام دهند؟

یکی از ســؤالاتی که باید در یک جلســه مذاکره با خودمان مرور کنیم این اســت که: چه کار کنیم تا طرف مذاکره بخواهد کار موردنظر ما را انجام دهند؟

به نظر شــما برای اینکه طرف مذاکره کار موردنظر و یا مســیر مورد هدف ما را طی کند چه کارهایی می‌توانیم انجام دهیم؟

- صدایمان را بالا ببریم
- اصرار و پافشاری کنیم
- تکرار و تأکید بر موضوع درخواست
- تهدید کردن طرف مذاکره
- دست به اسلحه بردن و ...

✓ مطمئناً شـــما خیلی خوب می‌دانید که در دنیای ارتباطات کنونی، در حیـــطه‌های کسب‌وکار، روابط شخصی، خانوادگی و یا در جمع دوستان تمام گزینه‌های بالا سال‌ها‌ست که مترود، غیرقابل ا‌ستفاده و کاملاً بدون نتیجه هســتند، از همه مهم‌تر این که بکارگیری هر یک از این گزینه‌ها خصوصاً در جلسات مذاکره کاری آثار مخرب و ویران‌کننده‌ای دارد.

در یکی از کتاب‌های دیل کارنگی خواندم که "بـزرگ‌ترین دارایی مـن روش **توسـعه بهتـرین چیزی کـه در شخص است** و آن تمجید و تشـویق دیگـران است" در واقع با تمجید و تعریف اقدامات و یا تصمیمات طرف مذاکره البته نه با نیت تملق و چاپلوسی می‌توانیم به ولع جان کاه و سیری‌ناپذیر وجود هر انسان به حس مهم بودن و مورد تعریف قرار گرفتن به زیرکی پاسخ دهیم و اهداف خود را به‌پیش ببریم.

✓ برای درک بهتر این موضوع به متن گفتگو مذاکره نمایندگان یک شرکت مطرح حوزه ساخت‌وساز با مدیران شهری توجه کنید:

گفتگوی نماینده شرکت: از اینـکه متوجه شـدیم در سیستم مدیریت شهری، افراد متعهد و خوش‌بینی در مسنـد کار هسـتند کـه بـرای رفع دغدغه‌هـای شهروندان حاضر شدند پیشنهاد شرکت ما را برای اجرای پروژه ساخت مرکز

فرهنگی هنری در میان سایر پیشنهاددهندگان برای حفظ ایـمنی و رعایت استانداردهای بین‌المللی بپذیرند، بسیار خوشحالیم.

✓ با تحلیل این متن درمی‌یابیم که نماینده آن شرکت با پررنگ نشان دادن صفات عالی مدیریتی در طرف مذاکره و متفاوت بـودن طـرح پیشنهادی آنان به دلیل رعایت ا صول ایمنی، به‌نوعی مـ سیر فکری طرف مذاکره را به‌سوی اهداف تعیین شده خود سوق داده است.

> راز موفقیت یک مذاکره‌کننده حرفه‌ای، توانایی کشـف دیدگاه طرف مذاکره و دیدن
> مسائل از زاویه دید او ست و هم سو کردن سؤالات و مسیر گفتگو با آن زاویه است.
> ۹۹ درصد مذاکره‌کنندگان این جمله را نادیده می‌گیرند.

برانگیختن حس انتخاب‌گری در طرف مذاکره

اگر من مذاکره‌کننده در جلسه مذاکره بتوانم به‌طرف مذاکره ایـن مفهـوم را برسانم که کالا، محصول و خـدمات مـا و شرکت ما چگونه می‌تواند بـه حـل مشکلات و نیازهای او و شرکت‌های او کمک کنـد می‌توانـم او را در مسیر اهداف خود به‌پیش ببرم. یکی از موضوعاتی که می‌تواند این حس را در طرف مذاکره ایجاد کند، **حس انتخاب‌گر بودن** است.

اکثر انسـان‌ها در امور روزمره زندگی و انواع روابط خود به دنبال حس انتخاب خود ه ستند و ترجیح می‌دهند، انتخاب‌کننده ب سیاری از مـ سائل و مـ سیرهای زندگی خود باشند، این موضوع بسیار پررنـگ و واضح در غـالـب گفتگوها و یا مذاکرات به چشم می‌خورد، حتی هنگام خرید جزئی از فروشگاه محل، ما

آنچه را می‌بینیم، انتخاب می‌کنیم و کمتر از پیشنهاد کسی برای انتخاب کالا یا محصول نظر کسب می‌کنیم، مگر در مواردی که احساس می‌کنیم باید از کسی مشورت بگیریم یا نظر کسی را پرس‌وجو کنیم و بازهم درنهایت انتخاب‌گر نهایی بین گزینه‌های پیشنهادی خود ما هستیم.

این موضوع هم دقیقاً در جلسه مذاکره حاکم است، اگر ما این حس انتخاب‌گر بودن بین گزینه‌های محدود پیشنهادی را به‌طرف مذاکره بر سانیم، می‌توانیم تا حد زیادی به‌سوی موفقیت خود در آن مذاکره گام برداریم.

توصیه:

این کار را امتحان کنید، مطمئناً به نتیجه خواهید رسید.

داشتن رفتار قاطعانه در یک مذاکره

تعریف رفتار قاطعانه: عکس‌العمل و یا بروز رفتاری است که ما را به هدف تعیین شده خود از یک مذاکره و یا هر نوع گفتگویی می‌رساند. بدون اینکه ما، در فرد مقابل تنش و یا ناراحتی عمیق و آزاردهنده‌ای ایجاد کنیم.

آیا می‌دانید که کمتر از پنج درصد افراد توانایی ارائه‌ی رفتار قاطعانه را دارند.

ضرورت داشتن رفتار قاطعانه از آن جهت است که رفتار قاطعانه و رک بودن نه تنها از سلطه‌پذیری و ضایع شدن حقمان در ارتباط با

دیگران جلوگیری می‌کند، بلکه به‌نوعی از بروز رفتارهای پرخاشگرانه ناشی از عدم بروز صحیح احساسات در آینده پیش‌گیری می‌کند.

چگونه در جلسه مذاکره قاطع باشیم؟

- احساس واقعی خود را بازگو کنیم.
- گاه در جلسه مذاکره لازم است احساسات واقعی، نگرانی‌ها، ابهام‌های ذهنی را بازگو کنیم.
- طرح درست و به‌جا درخواست.
- عدم قضاوت رفتار طرف مذاکره.

ما با بروز رفتار قاطعانه و رک در جلسه مذاکره:

۱. نیازها و خواسته‌های خود را در فضای امن‌تری می‌توانیم مطرح کنیم همچنین می‌توانیم این فضای امن را برای طرح نیازها و احساسات واقعی طرف مذاکره ایجاد کنیم و در صورت تحقق این شرایط صمیمیت بر روابط طرفین حاکم می‌شود.

۲. احساس بهتری از حضور در آن جلسه و گفتگو خواهیم داشت، چون با رک‌گویی احساس واقعی خود را بازگو کرده و نهایتاً به خود و توانایی‌های خود اطمینان بهتری پیدا می‌کنیم.

لیوان آب خود را در جلسه مذاکره خالی و پر کنید

همه ما به کرات از یافته‌های دانشمندان شنیده‌ایم که ۷۰ درصد بدن انسان را

آب تشکیل می‌دهد و بدن برای دفع سموم و حفظ شادابی نیاز به آب دارد. برای همه ما پیش‌آمده وقتی که بدنمان دچار کمبود آب می‌شود، نمی‌توانیم درست فکر کنیم و دچار سردرد می‌شویم.

✓ جالب اســت بدانید در شــرایطی که بدن ما کم آب می‌شــود تولید هورمون‌های قدرتمندی مانند آدرنالین و کورتیزول افزایش می‌یابد. این هورمون‌ها بدن را برای شــرایط اضطراری و عکس‌العمل‌های ناگهانی و سریع آماده می‌کنند. به‌عنوان‌مثال ضربان قلب را تندتر می‌کنند، تنفس را شدیدتر می‌کنند و قند خون را بالا می‌برند. تحقیقات نشان داده‌اند که کم شدن تنها نیم لیتر از آب بدن، به بالا رفتن مقدار کورتیزول در خون منجر خواهد شد و ما به‌راحتی با مصرف یک لیوان آب می‌توانیم غلظت این هورمون ا سترس‌زا را در خون کاهش دهیم و خیلی زود ا ستر سمان برطرف شود.

✓ و جالب‌تر اینکه در بین اعضــای بدن، مغز بیش‌ترین نیاز را به آب دارد. ۸۵ درصـــد از ســلول‌های مغز را آب تشــکیل می‌دهد. مغز برای تولید انرژی موردنیاز خود، نیازمند آب و گلوکز است پس هیچ‌گاه از یاد نبریم که سیستم مغزمان، برای داشتن عملکرد مناسب و صحیح، شدیداً وابسته به آب است. **کمبود آب در مغز منجر به دلهره، عصبانیت، افسردگی و اختلال در تفکر، می‌شود.** تصور کنید که این عوارض چه تأثیر عمیقی در قدرت یادگیری و تمرکز شما در جلسه مذاکره خواهند داشت.

کم آبی بدن در جلسه مذاکره ما را با عوارضی همچون تپش قلب، تهوع، دلهره، ضعف و سـرگیجه و سـردرد، رخوت و بی‌حالی، تغییرات خلقی، واکنش‌های کند، ضـعف و خستگی و پریشانی روبرو می‌کند؛ بنابراین می‌توان با نوشیدن آب در جلسه مذاکره مقداری از این‌گونه عوارض جسمانی را کاهش داد.

گفتنی است نوشیدنی‌ها و مایعات دیگر، مانند آب عمل نمی‌کنند زیرا آب تنها ترکیبی است که در بدن تحت پروسه هضم قرار نمی‌گیرد.

چگونه در جلسه مذاکره احساسات خود را کنترل کنیم؟

یکی از تکنیک بسیار ساده و فوق‌العاده مؤثر که کمک می‌کند که ما در یک لحظه و یک آن بتوانم خود را از هرگونه احساس و فکر ناخو شایند ذهنی رها کنیم و با ذهنی باز و شفاف تمرکز کنیم، شیوه سدونا است، یک مذاکره‌کننده حرفه‌ای می‌تواند با بهره‌گیری تمرین‌های سدونا، احساسات خود را در جلسه مذاکره به کنترل خود درآورد.

✓ نکته طلایی در مورد کنترل و زنده نگه داشتن احساسات اعتقاد بـه ایـن موضوع است که تنها کسی کـه باعث می‌شـود چیـزی را احساس کنیـد خودتان هستید.

حتماً می‌پرسید، چگونه؟

"با تفسیر رخدادهای گذشته"

- این شما هستید که با اندیشیدن و صرف انرژی موجب زنده نگه داشتن احساسات منفی و یا مثبت می‌شوید. ما باید بپذیریم که دیگران هیچ احساسی در ما ایجاد نمی‌کنند هیچ‌کس ما را هیجان‌زده و یا عصبانی نمی‌کند، همه‌چیز در دستان ماست.
- ما سکان‌دار کشتی احساساتمان هستیم.
- یادمان باشد در جلسه مذاکره هیجانی تصمیم نگیریم. یک مذاکره‌کننده حرفه‌ای باید با کسب مهارت در اختیار داشتن احساسات، از تصمیمات هیجانی و لحظه‌ای دوری کند.
- شما به‌عنوان یک مذاکره‌کننده حرفه‌ای باید توانایی این را داشته باشید که اگر در جلسه مذاکره، شرکت یا شخص شما را دروغ‌گو یا متقلب خطاب کردند و صداقت و راستی شما مورد توهین قرار گرفت چه عکس‌العملی نشان دهید؟ اول اینکه رخ دادن این اتفاق نباید برای شما دور از ذهن باشد، در مرحله بعد باید قبل از بروز هر رفتار از طرف مقابل بخواهیم برای این موضوع توضیح بیشتری بدهد و با باز کردن مطلب به احساس واقعی آن فرد پی ببریم تا در میان صحبت‌های او با پررنگ کردن نقاط مثبت بتوانیم با کنترل احساساتتان رفتار مناسبی از خود بروز دهید.

روزهای اول کارآموزی در شـــعب دادگاه را هیچوقت فراموش نمی‌کنم. فریاد برو بیرون. در را باز نکن، روسری‌ات رو بکش جلو و... که البته چند باری هــم بعدش زدم زیر گریه. تجربیات ارزشـــمندی برای من بودند، اینکه یاد بگیرم در هر محل و جایگاهی و با هر فردی چطور و تا چه حدی وارد مذاکره بشـــوم و احســاســـاتم را به چه صــورت و تا چه حد بروز دهم، ابتدایی‌ترین و بارزترین مثالی بود از کنترل احساسات در بحرانی‌ترین شرایط کاری که تجربه کردم.

- ✓ مثلاً من مذاکره‌کننده باید بدانم در یک جلسه رسمی و کاری همکارانم را صرف‌نظر از رابطه دو ستانه به چه صورت خطاب کنم که جایگاه آن‌ها در نزد طرف مذاکره حفظ بشود.
- ✓ به‌عنوان یک مذاکره‌کننده حرفه‌ای هیچ ایرادی ندارد اگر لحظه‌ای طغیان عصبی داشتید، کافی است بلافاصله عذرخواهی کنید، اینکه بخواهیم جلسات و یا گفتگوها را با عصبانیت تــرک کنیم رفتار مناسب و در شأنی نیست. اگر در حین جلسه عصبانیتتان باعث شده که به کسی بی‌احترامی کنـید، از او معذرت بخواهید. لزومی ندارد کـه بـرای عصبانیت خـود توضیحی دهید، فقط گفتن «من رفتار بدی داشتم و عذر می‌خواهم.» کافی است تا همه سوء رفتارها را از بین ببرد. احساسات منفی خود را با اعتمادبه‌نفس جایگزین کنید و تعادل احساساتتان را حفظ کنید.

فقط ۲۰ درصد پیشنهادها را بشنویم

اصــل پاتویا ۸۰/۲۰ به ما می‌گوید که فقط ۲۰ درصــد موضــوعات، رویدادها و اتفاقات دارای اهمیت حیاتی و تأثیرگذار و ۸۰ درصـــد مابقی کم‌اهمیت و یا بی‌اهمیت هستند.

؟

آیا می‌دانید از میان کارهایی که در طول روز انجام می‌دهیم، تنها ۲۰ درصد دارای اهمیت واقعی هستند؟

آن ۲۰ درصد، ۸۰ درصد نتایج و اتفاقات زندگی روزانه ما را در روابط شخصی، کاری، تحصیلی و ... را رقم می‌زنند. دامنه شمول قانون ۸۰/۲۰ در زندگی ما به‌قدری وسیع است که می‌تواند در تمامی زوایای زندگی ما حاکم شود.

✓ یک مذاکره‌کننده حرفه‌ای برای **عملکرد هوشمندانه** در جلسه مذاکره، از قانون ۸۰/۲۰ استفاده می‌کند تا بتواند با صرفه‌جویی در وقت و تمرکز بر موضوعات مهم و قابل اهمیت در مسیر اهداف تعیین شده خود حرکت می‌کند

✓ یک مذاکره کننده حرفه‌ای خوب می‌داند که فقط ۲۰ درصد از پیشنهادات و مباحثات جلسه مذاکره قابل اهمیت و تأثیرگذارند و نیاز به تمرکز دارند. او می‌داند که باید این موارد مهم را شناسایی و بر آن‌ها تمرکز کند.

✓ ما می‌توانیم قانون ۸۰/۲۰ را در طول مذاکره سرلوحه خود قرار دهیم. مثلاً در هنگام یادداشت‌برداری از صحبت‌های طرف مذاکره و لیست کردن پیشنهادات ارائه شده در جلسه مذاکره، باید سعی کنیم فقط ۲۰ درصد پیشنهادات هم سو باهدف اصلی را علامت‌گذاری کنیم و با تمرکز در آن ۲۰ درصد، مطمئن شویم که آن کارها جزو ۲۰ درصد مهم از کل پیشنهادات هستند و بقیه را به تعویق بیندازیم.

✓ یک مذاکره‌کننده حرفه‌ای می‌داند که به ندرت و بنابر نیاز لازم اسـت از موضـوعات شـخصـی و کاری خود در جلسـه مذاکره صـحبت کند، زیرا خوب می‌داند که ۸۰ در صد از مردم به مشکلات شما اهمیت نمی‌دهند و اندکی از ۲۰ درصد بقیه هم از اینکه بدانند شما برای مشکلات اهمیت زیادی قائل می‌شـوید به‌نوعی خوشـحال می‌شـوند و تعدادی هم جزو مشاوران و متخصصان هستند.

اقدامک

برای اجرایی کردن قانون ۸۰/۲۰ در مذاکرات خود، لیست کارهایی که جزو ۲۰ درصد عملکرد شما جلسه مذاکره هستند را یادداشت کنید.

۱.

۲.

۳.

واگذاری بحث به طرف مذاکره

گاه لازم است با سپردن ادامه بحث به‌طرف مذاکره از قـوه ابتـکار و کاردانی طرف مذاکره در جهت تحقق اهداف و طرح‌ها و تقاضایتان سود ببریم. همواره سعی نکنید در جلسه مذاکره به‌صورت یک‌سویه موضوع مذاکره را بـه‌پیش ببرید، اگر باورتان این است کـه در جلسه مذاکره باید تک‌سـوار مسیر باشید، باید بگویم کـه در مسیر سختی قـدم گذاشته‌اید و این تاختن بـرای شما جز تحلیل نیـرو و تضعیف قوای فـکری و جسمانی عایدی برای شمـا ندارد و

در جلسه مذاکره شما را به بن‌بست می‌کشاند کـه مجبور خواهید شد در شرایط نامتعادل فکـری و جسمانی نـاگزیر دست بـه تصمیمی غیـر از تأمین منافع خود بزنید.

✓ در جلسه توافقات به‌کرات شاهد این موضوع بوده‌ام که طرف مذاکره با چه شـور و هیجانی و کاملاً یک‌سـویه شـروع‌کننده مباحثات بوده و با حرکت شـتاب‌زده و هیجانی مواضـع خود را مطرح کرده و در انتهای جلسه با دستان دستبند زده تسلیم تصمیمات طرف مقابل شده است.

✓ مدیران و مذاکره‌کنندگان موفق، آدم‌های اسـتثنایی و نابغه‌ای نیسـتند، آن‌ها تنها آگاه به این راز هستند که:

اوضاع‌واحوال و شرایط یک جلسه بر چه مداری می‌چرخد، رمـز موفقیت آن‌ها در این اسـت کـه با واگذاری ادامه بحث به‌طرف مذاکره فرصتی برای خود ایجاد می‌کنند که بتوانند افکار بکر و پویایی را که از دل صحبت‌های طرف مذاکره بیرون کشیده‌اند، با الگوبرداری از شـیوه کار رقیب و یا طرف مذاکره برای مـسیر پیش رو مذاکره خود ا ستفاده کنند. گاه ممکن اسـت این الگوبرداری‌ها در همان جلسه مذاکره برای ما کارایی نداشـته باشـد اما می‌تواند جهت‌دهی خوبی برای رفع نقاط ضـعف و نارسایی‌های گفتگو و احیاناً استراتژی ما در جلسات بعدی مذاکره باشند.

ترک قاطعانه مذاکره

چیزی که می‌خواهم در این قسمت به شما بگویم این است که چطور بتوانید با قاطعیت و ترک مذاکره و گفتگو به هدفتان که ممکن اسـت خرید یک کالا یا محصول باشد و یا فروش محصولات و یا هر چیز دیگر، برسید.

✓ اکثر مردم فکر می‌کنند قاطعیت یعنی رفتار توأم با عصبانیت و خشـم در مقابل رفتار طرف مقابل و همیشه ترس از بروز ایـن رفتار، باعث ناتوانی بیش از نود درصد از افراد در داشتن رفتار قاطـع در روابـط و مذاکرات است.

یک نکته طلایی در مذاکره وجود دارد، گاهی در جلسه مذاکره هرگز به نتیجه مطلوب نمی‌رسید مگر آنکه از جا بلند شوید و جلسه را ترک کنید.

گاه شـما با قاطعیت در ترک جلسـه به‌طرف مقابل این را القاء می‌کنید که من به کاری که انجام می‌دهم مطمئن هستم و برای آن حتی حاضرم بهای ترک آن مذاکره را بدهم.

فصل ۵

پس از مذاکره

در این فصل

- ترک مذاکره ◆
- مذاکره راه بی‌پایان ◆
- تحلیل مذاکره ◆

ترک مذاکره

میلیاردر معروف نلسون بانکرهانت می‌گوید: **"همیشه فرصت‌های دیگری برای معاملات تجاری وجود دارد."** یکی از دلایلی که او در معاملات تجاری‌اش موفق بوده، این بود که به سادگی معاملات نامناسب را ترک می‌کند و به دنبال فرصت‌های دیگر می‌رفت. مذاکره‌کنندگان بی‌تجربه، گمان می‌کنند که باید در هر مذاکره‌ای معامله‌ای انجام شود.

✓ ترک کردن مذاکره پرضرر و پرحاشیه بـه همـان انـدازه اهمیت دارد که به نتیجه رساندن معامله پرسود.

> نگران نباشیـد با ترک مذاکره هیچ اتفاق ناگواری برایتان پیش نمی‌آید. حضــور در جلسات رسمی و سازمانی به من این نکته را آموخت و متوجه شدم وقتی در جلسات به این مهمی این موضـوع وجود دارد، چرا در مذاکرات خرد و غیررسـمی از این تکنیک استفاده نکنم.
> اکثر مذاکره‌کنندگان، جلسه مذاکره را ترک نمی‌کنند چون:
> ۱. از ترک مذاکره می‌ترسند.
> ۲. آمادگی ترک مذاکره را ندارند
> ۳. به مهارت و راه‌های ترک مذاکره مسلط نشده‌اند.
> آن‌ها همواره به این فکر می‌کنند باید مذاکره را ادامه دهند حتی در شــرایطی که آن مذاکره از مرزهای کاری و اخلاقی آن‌ها خارج شده و یا غیرسودمند باشد.

در کودکی همیشه وقتی دوچرخه سواری می‌کردم علاقه بسیار زیادی داشتم مثل برادر بزرگم، در حین دوچرخه سواری از روی زین بلند شوم و رکاب بزنم،

اما همیشـــه نگران این بودم نکند وقتی از روی زین دوچرخه بلند میشـــود تعادلم به هم بخورد و به زمین پرت شوم. اینقدر ترس به زمین خوردن برای من بزرگ شده بود که دیگر حتی نمیتوانستم بهراحتی دوچرخهسواری کنم تا اینکه یک روز تصمیم گرفتم برای غلبه به ترس، خودم را عمداً به زمین بیندازم. این کار را انجام دادم. اتفاق خاصی نیفتاد، جز چند تا خراش دست و صورت و پارگی سر زانوهای شلوارم. بعدش بلند شدم و بااینکه بدنم خیلی درد گرفته بود سوار دوچرخه شدم و شروع کردم به ایستاده رکاب زدن.

هرگز در حال عصـبانیت و خشـم هیچ مذاکرهای را ترک نکنید. ما معمولاً در حالت عصبانیت رفتارهایی را از خود بروز میدهیم که حتی چند لحظه بعد از آن پشیمان میشویم. هنگامیکه برای خرید کفش به داخل مغازهای کوچک رفتهاید، هنگامی که با آن فروشـنده وارد مذاکره میشـوید، فروشنده از جنس، شـرکت تولیدکننده مزایا و برتریهای آن کالا برای شما صحبت میکند، شما سایز مورداستفاده و شرایط راحتی و قیمت را سـؤال میکنید. ممکن اسـت توضیحات اعلامی از سـوی فروشـنده در مورد جنس، قیمت و ... از سوی شما مناسب نبود، حالا چگونه به آن فروشنده اعلام کنیم که از خرید منصرف و به اصطلاح در حال ترک آن مذاکره هستیم؟
در بیان احساس و شرایط خود روراست و قاطع باشید.
آقای فروشنده:
-کفشـی که شـما معرفی کردید با توجه به نوع اسـتفاده محل کارم از پاشـنه یا جنس مناسبی برخوردار نیست.
-قیمت این کفش برای من گران است و ...

به نظر شما اصلاً لازم است در هنگام ترک مذاکره علت ترک را برای طرف مقابل شرح دهیم؟

در برخی مذاکرات ما با شرح **علت ترک مذاکره** در واقع به‌نوعی ممکن ا‌ست طــرف مذاکره و نوع کالا یا محصول یا پیشنهاد او را مورد انتقاد قرار دهیم و این ا‌صلاً مطلوب نیست. اما گاهی با شرح علت ترک مذاکره، طرف مقابل را در شـــرایطی قرار می‌دهیم که پیشنهادی نزدیک‌تر به خواسته و نیاز ما ارائه دهد، شرح علت مذاکره ممکن است به شرایط مختلف تأثیرگذار و یا در جهت عکس اهداف ما باشد.

> در ترک تمام مذاکرات، تشکر شما از وقت و توضیحات ارائه شده نشان‌دهنده ادب و حرفه‌ای بودن شماست، سعی کنید این نکته را به خاطر بسپارید.

مذاکره راه بی‌پایان

تفکری که هر مذاکره‌کننده همواره باید مدنظر دا‌شته با‌شد این ا‌ست که **راه مذاکره، راهی است بی‌پایان.** یعنی با پایان هر جلسـه، کار ما به ا‌تمام نمی‌رسـد، نحوه رفتار، پیگیری و بازخورد مـا از جلسه گذشته می‌توانـد شروع دوباره گفتگو و مذاکرات بعدی ما باشد.

لطفاً به یکی از مذاکرات چند ماه گذشته خود فکر کنید، درست متوجه شدیـد،

مذاکراتی که به پایان رسیده است. مهم نیست که آن مذاکرات منتج به قرارداد شده است یا خیر.

از خود ســؤال کنید: بعد از چند ماه، چند بار مجدد آن‌ها را پیگیری کرده‌اید؟ کوچک‌ترین اقدام مثل تماس با دفتر آن شـــرکت، چک کردن آخرین اخبار و محصولات آن شرکت و یا حتی ارسال یک پیام برای مدیر آن شرکت به مناسبات خاص و ...

اگر این کارها را تاکنون انجام داده‌اید، به شما تبریک می‌گویم شما جزو افراد پیش رو حیطه کسب‌وکار خود هستید و در آینده نزدیک شاهد نتایج خارق‌العاده پیگیری‌های خود خواهید بود.

اقدامک

اما اگر تاکنون این نکات از دید شما پنهان مانده است، همین حالا شروع کنید و با تمرکز به جلسات گذشته و یادداشت کردن لیست کارهایی که می‌توانید انجام دهید خود را به گروه پیشرو حیطه کاری خود برسانید.

تحلیل آقای زیباکلام از مذاکرات هسته‌ای

روزنامه اعتماد، تاریخ انتشار: دوشنبه ۲۹ اردیبهشت ۱۳۹۳ ساعت ۸:۵۲

روزنامه اعتماد در یادداشتی به قلم صادق زیباکلام نوشت:
برخلاف آنچه مخالفان دولت و مخالفان توافق ژنو سعی می‌کنند که القا کنند مذاکرات به دلیل زیاده‌خواهی غربی‌ها به شکست انجامیده، مذاکرات به‌واسطه تقاضای غیرمعقول غربی‌ها در خصوص برنامه موشک‌های ایرانی و سایر برنامه‌های تسلیحاتی ایران **به شکست نینجامیده.**

اساساً اینکه بگوییم مذاکرات به شکست انجامیده فی‌نفسه گزاره درستی نیست. علت طولانی شدن مذاکرات و پیچیده بودن آن دقیقاً به خاطر رویکرد و اهداف متفاوتی است که در حقیقت هم از سوی ایرانی‌ها و هم از سوی غربی‌ها شاهد بوده‌ایم. در روند مذاکرات هسته‌ای مذاکره‌کنندگان ایرانی خواهان این هستند که تمامی تحریم‌ها هرچه سریع‌تر و در کوتاه‌ترین زمان برداشته شود اما غربی‌ها در حقیقت با چنین سرعتی موافق نیستند.

✓ با دقت در تحلیل بالا در مورد رد به شکست انجامیدن مذاکرات هسته‌ای، درمی‌یابیم که در مذاکرات بلندمدت حصول نتیجه موکول به گذر زمان است و اینکه راه مذاکره ادامه دارد حتی در صورت اتمام جلسه.

تحلیل مذاکره

با مطالعه مطالبی که در صفحات قبلی مطرح شد، در این بخش سعی داریم تا با یادآوری مطالب گذشته به تحلیل یکی از متن‌های مصاحبه آقای ظریف در مورد مذاکرات هسته‌ای بپردازیم تا کاربرد و جایگاه هر یک از نکات بیان شده آشنا شویم.

لطفاً با ما همراه باشید:

کد خبر: ۲۵۲۸۳۴ سایت Entekhab.ir

تاریخ انتشار: ۱۱: ۱۶ - ۲۷ بهمن ۱۳۹۴

محمدجواد ظریف در گفت‌وگویی، آینده سیاست خارجی ایران پس از برجام را تبیین کرد. وزیر خارجه همچنین درباره شکست مذاکرات هسته‌ای در دولت قبل می‌گوید: بر این باورم اگر همان روند از سوی ایران ادامه پیدا کرده بود و در انتخابات سال ۸۴، ما روندی کاملاً متضاد با مسیر قبلی را در پیش نمی‌گرفتیم، مذاکرات به نتیجه می‌رسید.

به گزارش انتخاب، «خبر آنلاین» نوشت: نیازی نیست دیپلماسی بدانید یا روابط بین‌الملل خوانده باشید تا حدس بزنید جواد ظریف از چهره‌های ماندگار تاریخ ایران خواهد بود. تشخیص این کار از ساده‌ترین‌ها ست. از ابتدای حضور در دستگاه دیپلما سی شلوغ‌ترین روزهای یک وزیر خارجه در تاریخ جمهوری اسلامی را پشت سر گذاشته و بزرگ‌ترین مناقشه بین‌المللی ایران در دوره معاصر را حل‌وفصل کرده، اما هنوز هم بارهای به مقصد نرسیده بسیار بر دوش

دارد. کشورهای منطقه که از تغییر در بازی خاورمیانه ناخورسند هستند از هیچ تلاشی برای بر هم زدن نظم جدید فروگذار نمی‌کنند و این کار جواد ظریف را دشوارتر از قبل می‌کند.

برای گفت‌وگو با وزیر خارجه جمهوری اسلامی پس از مدت‌ها کش‌وقوس و تعیین وقت مصاحبه به دفترش در ساختمان شماره یک وزارت خارجه رفتم. گفت‌وگویی که با نگرانی‌ها از عهدشکنی آمریکایی‌ها آغاز و با روابط با عربستان ختم شد.

در مقابل اصرار من برای برقراری رابطه‌ای خارج از قاب دولت اوباما با آمریکا، با اطمینان کامل از لزوم نقش‌آفرینی مستقل ایران سخن می‌گوید: «من بااینکه توان کنشگری را از ایران گرفته و به آمریکا یا هر بازیگر دیگری منتقل کنید کاملاً مخالفم، برخلاف ادعای برخی، نگاهم به آمریکا نیست و به جمهوری اسلامی می‌نگرم. در دنیای متکثر کنونی با بازیگرانی که هریک می‌توانند خود کنشگری مستقل باشند سیاست نگاه به شرق یا غرب نه تنها منطقی نیست که امکان‌پذیر هم نیست.»

محمدجواد ظریف پیگیری سیاست متضاد از سوی دولت گذشته را دلیل شکست مذاکرات در آن دوره می‌داند و می‌افزاید: «بر این باورم اگر همان روند از سوی ایران ادامه پیدا کرده بود و در انتخابات سال ۸۴، ما روندی کاملاً متضاد با مسیر قبلی را در پیش نمی‌گرفتیم، مذاکرات به نتیجه می‌رسید.»

خروج ما از اتاق آقای وزیر با آمدن عباس عراقچی همراه شد که قصد داشت آقای ظریف را ببیند. توفیقی شد و گپ و گفت کوتاهی هم با

معاون امور حقوقی و بین‌الملل وزارت خارجه داشته باشیم. در هنگام خداحافظی خطاب به دکتر ظریف می‌گویم: آقای دکتر بازهم گفت‌وگویم با شما بدون تیتر شد، از آن **لبخندهای همیشگی** می‌زند و پاسخ می‌دهد: تیتر زیاد دارد، به شرطی که دنبال تیترهای جنجالی نباشی.

✓ در قسمت **دا شتن رفتار بزرگ‌من شانه** موضوعات و مثال‌هایی را بیان کردیم که آن رفتار یا حالت و یا ژست می‌تواند تا چه اندازه طرف گفتگو و یا مذاکره شما را درگیر کند. **در بین سیاستمداران و مدیران دهه اخیر می‌توان از مح مدجواد ظریف و مح مد باقر قالی‌باف به‌عنوان شخصیت‌هایی نام برد که با ژست و یا سلاح لبخند همیشگی چهره در تمامی مذاکرات و گفتگوها شرکت کرده‌اند، صرف‌نظر از قضاوت در مورد واقعی یا غیرواقعی بودن آن حالات فقط درصدد بیان رفتارهای ح ضور در گفتگو و مذاکره ه ستیم و اینکه تمامی طرف‌های خارجی و یا داخلی آن‌ها وقتی در لحظه با چهره همراه لبخند آن دو شخصیت روبرو می‌شوند تا چه اندازه احساس نزدیکی و یا تغییر استراتژیک در گفتمان و یا رفتارشان خواهند داشت.**

به هر تقدیر از یک دیپلمات آن هم از نوع کارکشته‌اش شاید نباید غیر از این هم انتظار داشت؛ کسی که در انتخاب **تک‌تک واژگانش بیشترین دقت را به کار می‌بندد.** مشروح گفت‌وگوی صریح و ۳۰ دقیقه‌ای ما با جواد ظریف پیش روی شماست.

آقای ظریف بعد از حدود سه دهه، ایران و آمریکا بالاخره به یک کانال

ارتباطی کارآمد دست یافتند و آن هم کانال شما و آقای جان کری بوده است. این مسیر چه در برجام و در مواقع بروز بن‌بست‌ها و چه در خصوص برخی مسائل منطقه‌ای همچون تنش‌ها با عربستان و همچنین در رابطه با برخی مسائل دوجانبه مانند ماجرای دستگیری ملوانان آمریکایی مفید بودن خود را اثبات کرده است. مواردی که از برخی تنش های احتمالی آتی جلوگیری کرده و در برخی موارد هم سازنده (در مذاکرات هسته‌ای) بوده است. با توجه به اینکه تنها یک سال دیگر به عمر دولت آقای اوباما زمان باقیست چه تدبیری اندیشیده شده که چنین کانال ارتباطی برای مواضع ضروری حفظ شود؟

البته اگر جمهوری اسلامی ایران سیاستش این باشد که با آمریکا در هر موضوعی گفت‌وگو کند، طبعاً کار دشواری نخواهد بود. **تاکنون سیاست ما این بوده که صرفاً در موضوع هسته‌ای با ایالات‌متحده گفت‌وگو کنیم** (تعیین اولویت‌ها در یک مذاکره) به همین دلیل هم **کانالی که وجود داشته به موضوع هسته‌ای منحصر بوده** (محدود کردن اهداف و مسیرهای دسترسی به هدف) و شاید به‌ندرت در برخی موارد دیگر به کار گرفته شده باشد. در خصوص موضوع آزادی ملوان‌ها هم استثنایی بر قاعده وضع شده پیش آمد. در خصوص اجرای برجام ما کماکان نیازمند پیگیری مستقیم (مذاکره راه بی‌پایان) با آمریکایی‌ها هستیم که در قالب مجوز قبلی این کار با دولت کنونی و علی‌القاعده با دولت آتی آمریکا ادامه دارد؛ اما در مورد سایر موضوعات حسب اینکه مقامات عالی نظام چگونه تصمیم بگیرند زمینه تماس با آمریکا فراهم است. البته فعلاً دولت و نظام تصمیمی برای باز گردن مسیر گفت‌وگو

در حوزه‌های دیگر با آمریکا را ندارند (اولویت داشـــتن اهداف) و لذا اقدامی هم در این زمینه متصور نیست. (حذف پیشنهادات غیرمهم)
من اصلاً دنبال این نیستم که اروپا راهش را از آمریکا جدا کند یا خیر. اصـولاً هم اعتقاددارم در جهان در حال گذار کنونی شـما ائتلاف‌های دائمی ندارید. شـــما می‌توانید با یک کشـــور یا یک گروه یا یک مجموعه‌ای ارتباط ایجاد کنید بدون اینکه ضـرورتاً نیاز داشـته باشـید چارچوب‌های معمول اتحادهای موجود را دا شته با شید. به همین دلیل هم معتقدم هرقدر از این فر صت برای حـ ضور ایران در چرخه توزیع و تولید در حوزه اقتـ صاد و امنیت منطقه ا ستفاده شود آن‌وقت وارد شدن به اقدامات خصـمانه علیه ایران غیرممکن خواهد بود؛ یعنی اگر ایران یک بازیگر عـمده در چرخه تولید نه به‌عنوان مصـــرف‌کـنده بلـکه به‌عنوان عنصـــر فعال در حوزه تولید و توزیع چه اقتصـــاد و چه امنیت منطقه‌ای با شد دیگر کـ شوری نمی‌تواند این توانمندی را فراموش و به حاشیه راند. این در اختیار ماست و بیش از هر چیز نیازمند همدلی دارد. الآن خیلی از دوسـتان ما به خاطر دیدگاه‌های سـیاسـی‌شـان تلاش می‌کنند ضـــعف‌ها و نقص‌ها را بیابند و مچ دولت را بگیرند. در این تلاشـی که انجام می‌دهند بعضـاً مشـکلات را بزرگ‌نمایی می‌کنند و ایران را یک محیط ناامن برای سـر مایه‌گذاری و برای کنشـــگری به‌عنوان یک بازیگر عمده امنیت ســـاز در منطقه معرفی می‌کنند. این اقدامات سبب می شود مانتوانیم از این فر صت بهترین بهره‌برداری را انجام دهیم و شرایطی را ایجاد کنیم که تغییرش از سوی کـ شورهای دیگر غیرممکن باشد.

ببینید من اصلاً از اینکه شــما کنشــگری را از ایران به‌جای دیگری منتقل کنید مخالفم. گفت‌وگو با اتحادیه اروپا یک عامل اســت، ما کنشــگریم. ما باید در تمام این حوزه‌ها نقش مثبت ایفا کنیم، آن‌وقت گفت‌وگو با اتحادیه اروپا یک قسمتش می‌شود، گفت‌وگو با کشورهای آسیایی، ارتباطات بسیار خوب ما با روسیه و چین، گسترش ارتباطات ما با جهان اسلام، با کشورهای عدم تعهد و حضور فعال ما در همه صحنه‌های بین‌المللی مانند همین مذاکراتی که در مورد سوریه است تکه‌های این پازل هستند. این پازل پازل خودباوری، کنشگری مثبت و فعال ماست و همه این‌ها وارد این بازی می‌شود.

من اصولاً معتقدم در دنیای کنونی نه تنها سیاست گرایش به غرب، شرق، اروپا یا آمریکا غلط است، اصلاً این سیاست‌ها شدنی نیست. دنیا، عرصه پیچیده‌ای شده و شرایط بین‌المللی بسیار متکثری در نظام بین‌الملل حکم‌فرماست، در این شرایط شما فقط یک یا دو عامل بازی ندارید که بگویید یک روز با اروپا بازی می‌کنیم و روز دیگر با شــرق. شما باید یک سیاست کلی تعریف کنید (داشتن صفحه مختصات در جلسه مذاکره) و در قالب آن سیاست اروپا یک نقش دارد، آمریکا یک نقش، روسیه یک نقش، چین یک نقش، کنگره یک نقش و افکار عمومی (احترام به اولویت‌ها و مدنظر قرار دادن اهداف بومی) و دیگران هم به همین ترتیب. همه این‌ها باید با یکدیگر موردتوجه و استفاده قرار گیرد. شما باید این موارد را در یک تصویر کلی موردتوجه قرار دهید. وقتی در یک تصویر کلی قرار می‌گیرد دارای هدف، استراتژی و راهبرد می‌شود اما اگر بخواهیم جداگانه بررسی کنیم و

مثلاً اروپا چگونه می‌شــود، اروپا با آمریکا چگونه ارتباط می‌گیرد و ... آن‌وقت این موارد شما را دچار تضادهایی می‌کند که دیگر خودتان هم نمی‌توانید به آن پاسخ دهید.

اگر شما بخواهید مدل‌سازی کنید، نمی‌توان به پاسخ مشخصی رسید. ایران، ایران اســت؛ چین هم چین اســت. آن‌ها یک شــرایط و سیاست‌های ویژه‌ای برای خودشان داشت و ما هم سیاست، امکانات و توانمندی‌های مخصوص خودمان. ضمن اینکه تفاوت‌های جدی وجود دارد که نباید در تحلیل‌ها از آن غفلت کرد. ما گفتمان انقلاب اسلامی را داریم که یک عنصر قدرت ساز برای ما به شمار می‌رود (شناخت رگ‌های حیاتی یک مذاکره) و یک ابزار به معنای فرهنگی، سیاسی و آرمانی ا ست که می‌تواند در جهت تقویت ح ضور ما ا ستفاده شود. از همه این‌ها گذشــته همان‌طور که خودتان هم اشاره کردید شــرایط متحول کنونی حتماً با شرایط دهه ۷۰ چین متفاوت است.

ما این تلاش را کردیم. بنده همان تلاشــی که برای حصــول برجام انجام دادم باعلاقه بیشتر در خصوص حل‌وفصل اختلافات با عربستان پی گرفتم ولی متأسفانه دولت سـعودی دنبال حل نبود و در پی دامن زدن به تنش‌ها بود. (بررسـی و حدس اهداف طرف مذاکره و تعیین پاسخ برای آن) به همان دلیل که ما در پی فروریختن ایران هراسـی بودیم آن‌ها در پی تشدید این روند بودند.

بلات شبیه مانند این ا ست که ما می‌خوا ستیم مذاکرات ه ستهای را با گروه تندروی آمریکایی به نتیجه برسانیم، مذاکره با آن گروه هیچ‌وقت به نتیجه نمی‌ر سید، چرا در این دوره به نتیجه ر سید؟ هم به دلیل این

بود که تحریم‌ها ناکارآمد بود و هم به دلیل اینکه دولت کنونی آمریکا آمادگی حل داشــت. (حدس اهداف طرف مذاکره و عملکرد در مســیر آن. یعنی وقتی احساس می‌کنیم طرف مذاکره هدف به غیر از پیشبرد اهداف و یا تعیین اهداف مشــترک دارد نباید وقت را تلف کرد و با پافشــاری بر اهداف و اولویت‌های فعلی خود قاطعیت نشــان داد) **وقتی ک سی آمادگی حل م سئله را ندا شته با شد نمی‌توان به نتیجه ر سید.** همین مشکل در مورد دولت سعودی وجود دارد.

تقدیر و تشکر

به رسم احترام و پاس‌داشت از زحمات تمامی اساتید، دوستان و عزیزانی که به صورت مستقیم و غیرمستقیم من را در نوشتن این کتاب یاری کردند، تشکر می‌کنم از:

یگانه دخترم هستی
به خاطر تمام لحظاتی که برای نوشتن این کتاب برایم ایجاد کرد.

پدر و مادر عزیزم به خاطر تمام دلسوزی‌ها و زحماتشان.

جناب آقای استاد محمد پیام بهرام پور
به خاطر ترسیم مسیر جدید زندگی من
و

همه اساتید و آدم های تاثیر گذار زندگیم ، همه زنان و مردانی که برای من درس ها و تجربه های جدیدی ایجاد کردند خصوصا استاد سروریان بزرگوار.

با آرزوی بهترین و شادترین لحظات

دوستدار شما –هنگامه عسگری

ویرایش : ۱۳۹۹/۰۱/۲۰

اگر در کنار کسب مهارت مذاکره؛

۱. رویای راه‌اندازی کسب و کاری نو در سر دارید!

۲. به فکر قانونی و معتبر ساختن کسب و کار خود هستید!

۳. در اندیشه توسعه کسب و کار خود هستید!

افتخار این را دارم که به عنوان مدرس و مشاور موضوعات حقوقی کسب و کارها و شرکت های تجاری همراه شما باشم.

راه‌های ارتباطی با مؤلف:

وب‌سایت	hengamehasgari.com
صفحه اینستاگرام	Asgari_hengame

چند کتاب پیشنهاد سردبیر انتشارات برای شما

برای تهیه کتاب ها از آمازون یا وبسایت انتشارات می توانید بارکدهای زیر را اسکن کنید

Amazon.com

kphclub.com

Kidsocado Publishing House
خانه انتشارات کیدزوکادو
ونکوور، کانادا

تلفن : ۸۶۵۴ ۶۳۳ (۸۳۳) ۱+
واتس آپ:۷۲۴۸ ۳۳۳ (۲۳۶) ۱ +
ایمیل:info@kidsocado.com
وبسایت انتشارات: https://kidsocadopublishinghouse.com
وبسایت فروشگاه: https://kphclub.com